AF177377

Prompt

Merve Verlag

Originalausgabe

© 2025 Merve Verlag Leipzig
Kolonnadenstraße 5 | 04109 Leipzig
Druck- und Bindearbeiten: Alfa print, Martin
Umschlagentwurf: Jochen Stankowski, Dresden
ISBN 978-3-96273-082-6
www.merve.de | merve@merve.de

INHALT

W: Guten Abend miteinander. Sind alle da?

G: S kommt ein wenig später. Lässt sie ausrichten.

M: U kann heute wieder nicht dabei sein. Er ist immer noch auf Reisen.

W: ¯_ö_/¯

P: Wollte er nicht einen Text posten?

M: Ja, das wollte er.

P: Seitdem hat er sich nicht mehr blicken lassen :-/

G: Mir kam er sowieso fischig vor.

M: Warum?

G: Ein Schwitzer.

M: Halte ich für übertrieben. Wahrscheinlich hat er einfach viel um die Ohren. Soweit ich weiß. Ich frage nach.

P: Lieber nicht. Besser warten.

G: Was hat er denn Wichtiges zu tun? Weiß das jemand?

M: Kann ich nicht genau sagen.

G: Kannst du nicht? Darfst du nicht? Oder weißt du nicht?

M: Beides. Teils, teils.

P: Welche Teile?

M: Können und dürfen. Und wissen? Weiß ich auch nicht genau.

G: Unknown unkowns. 🥀

P: Besser keine Risiken eingehen. Letzte Woche ist wieder einer Bekannten von mir der Arbeitsvertrag nicht verlängert worden. Andere haben ihre Bankkonten verloren. Macht euch keine Illusionen: die Zeitenwende ist da, und sie sieht genauso aus wie befürchtet. Repression, Zensur.

M: Autoritärer Liberalismus. Aber noch ist das Gesetz zur privaten Chatkontrolle nicht durch. Noch dürfen wir reden ;)

W: Ich bin auch für Vorsicht. Wir sollten niemanden aufnehmen, dem wir nicht voll vertrauen.

S: Entschuldigt. Verkehr.

W: Dann können wir loslegen, oder? Also zurück zur Ausgangsfrage: Was tun?

M: Ich hatte das letzte Mal nicht den Eindruck, dass wir uns einig waren, was wir genau erreichen wollen.

S: Mir schien das klar. Die Frage ist eher, *wie* wir es erreichen.

P: Einspruch. Halber wenigstens. Eure Weltverbesserungsversuche in allen Ehren. Sagt mir Bescheid, wenn es geklappt hat. Bis dahin bringe ich mich erst mal in Sicherheit. Ich sehe nicht, was ich sonst tun kann. Irgendwo festkleben? Irgendwas unterschreiben? (Nur um auf einer schwarzen Liste zu landen?) Auch wenn wir uns noch so oft fragen ›was tun?‹ Es bleibt dabei, wir können nichts tun.

G: Bevor wir uns lange damit herumschlagen, was wir tun sollen – können wir denn bitte noch einmal klären, *wer* überhaupt mitspielt? Wer was tun, was ändern kann? Wer die Fäden in der Hand hält? Oder die Regeln beschließt? Vielleicht ist das Spiel ja auch schon gelaufen, und wir haben es nur nicht mitbekommen.

M: Wohl möglich. Und wir haben geschlafen. Wie der Ziegenhirte im Berg. Jetzt blinzeln wir ins Licht und haben den langen Zopf noch nicht bemerkt, der uns über die Jahre gewachsen ist. Wir sind grad erst dabei, aus der Höhle zu kriechen, um uns die Welt anzuschauen.

W: Womit hatten wir letztes Mal aufgehört?

S: Mit Marx. Der sagte ja, die Gesetze wirken hinter dem Rücken der Handelnden. Und zwar vermittels ihrer Entscheidungen. Aber nicht nur das, auch die Entscheidungen sind nicht frei in irgendeinem realen Sinn, sondern immer an die Macht zur Durchsetzung der Pläne gebunden. Daher werden in Organisationen immer Massen von Plänen entwickelt und dann derjenige durchgeführt, der am wenigsten Widerstand hervorruft. Als Faustregel könnte man sagen: realisiert wird, was den wichtigsten Kapitalfraktionen Profit verspricht und von keiner Gruppe aktiv bekämpft wird. Der Rest ist Marketing.

P: Da fehlt mir die Geschichte, die Pfadabhängigkeiten. Es mag schon sein, dass eine Organisation laufend allerlei Pläne entwickelt, aber manchmal nicht in der Lage ist, sich für den einen oder den anderen zu entscheiden. Oder überhaupt einen Plan durchzusetzen.

Das scheint mir sogar ziemlich oft der Fall zu sein. Ich würde bezweifeln, dass es überhaupt jemanden gibt, die oder der etwas tun kann. Die Stelle der Entscheider ist gerade leer. Wer weiß wie lange schon. Dass der Kaiser keine Kleider anhat, wurde uns ja nun eindrucksvoll vorgeführt. Jetzt tritt er ab und alle fragen sich, wer eigentlich die Regierung führt. Der Präsident ja wohl nicht. Auch kaum in den letzten Jahren. Wahrscheinlich auch nicht in den kommenden. Wer gibt die Kommandos? Vorerst zeigt sich niemand am Steuerrad. Die einen drücken sich davor, weil sie Rache fürchten. Die anderen, weil sie sich vor der Verantwortung scheuen. Die dritten bleiben lieber unsichtbar. Alle mit gutem Grund. Also segelt das Schiff weiter Richtung Abgrund, ein paar Bürokraten und Staatsdiener sind abgestellt, um Kurs zu halten. Das war's. So sieht unsere Regierung aus.

W: Mir leuchtet das mit der Wirkung hinter dem Rücken ein. Heißt das, dass das Zentrum der Macht leer ist? Oder eher wie das Zentrum der Milchstraße, in dem ein großes Schwarzes Loch sitzt, aus dem kein Licht nach außen dringt.

M: Eher letzteres, so scheint es.

G: Und drumherum kreisen ein paar kleine Sonnen, Monde, Planeten und Vasallen und kleine Lichter, die bald aufgesogen werden.

S: Kann nicht sein. Manche Entscheidungen müssen ja doch getroffen werden.

P: Das macht die Bürokratie auf Autopilot. Dabei gibt es natürlich ein Problem, wie letztens ein Politiker meinte: »If we want to end the war we need a political approach instead of a bureaucratic one.« Die Bürokraten können zwar ein System am Laufen halten, aber sie sind nicht in der Lage und auch nicht dazu gewählt, eine Richtung vorzugeben. Sie halten Kurs und wursteln sich durch. Ihr Hauptinteresse ist im Zweifelsfall immer, die eigene Bürokratie und den eigenen Posten zu sichern.

Flicken

M: Mindestens in Krisen kann das nicht sein, also wenn es um die großen Vermögen geht. Dann wachen die Entscheider plötzlich auf und handeln ganz beherzt. »No matter what it takes«, erinnert ihr euch noch? Apropos @S: du hattest letztes oder vorletztes Mal von 2008 bis heute eine Linie gezogen, die ich nicht ganz verstanden habe. Angefangen hat die jüngste Episode mit der Finanzkrise, sagst du.

S: Soll ich versuchen, es noch einmal zu erklären?

W: Ja, bitte.

S: Der Kapitalismus oder das westliche System ist seit der Finanz-krise kaputt. Genauer gesagt: die ›Securitization‹, die in der Fi-nanzkrise kaputtgegangen ist, war selbst schon ein Versuch, das kaputte System zu retten.

G: Wir sind also beim Patchen von Patches. Beim Doppel-Flicken?

S: Ja! Nur nicht wir. Sondern DIE ;)

P: LOL doch, passiv. Wir sind so oft geflickt worden, dass wir jetzt erst einmal rausfinden wollen, wer die Nähmaschine bedient.

M: Der mit dem Regenschirm.

S: Die Banken. In dem Fall. Securitization hat künftige Zahlungen direkt in gegenwärtige Vermögen verwandelt, ohne den Umweg über den Markt, oder wie Marx gesagt hat, ohne die Realisierung. Das war der erste Flicken. Als das geplatzt ist, kamen alle diese anderen, ›unerhörten‹ Maßnahmen: Nullzinsen, negative Zinsen ...

W: Und was ist mit den Staaten. Sind das nicht die wichtigen Mächte? Oder gehören die auch noch einmal auf den Seziertisch?

S: Nein. Das sind nur die, die uns gezeigt werden, die wir sehen. Die, hinter deren Rücken die Gesetze wirken.

G: Brauchen wir wirklich Marx oder ›Kapitalismus‹, um das zu kapieren?

S. Ja, eindeutig. Das macht die Sache klarer. Es geht immer darum, die Vermögen zu vergrößern, eben das Kapital. Und als dieser ›direkte‹ Weg, bei Marx und schon bei Smith als Wechselreiterei bekannt, nicht mehr funktionierte, kam das Klima auf, als die nächste große Investition zum Zwecke der Verwertung des überakkumulierten Kapitals.

P: Können wir nicht einfach bei den Basics bleiben: Es gibt große Vermögen. Sie wollen größer werden. Und nutzen dafür alle Tricks. Legal oder illegal. Alles was technisch geht. Mit Marx lässt sich das nicht verstehen. Er konnte nicht wissen, wie der digital vernetzte Finanzmarkt läuft.

M: Da muss ich nun S zur Seite springen. Auch wenn Marx nicht wusste, wie die Vermögen unter digitalen Bedingungen aussehen, konnte er trotzdem vollkommen korrekt das Grundprinzip angeben, wie sie sich vermehren. Dagegen können Leute, die sich in technischem Kleinkram verheddern, das oft nicht.

S: Mit Technik allein erklärst du nichts. Erklären heißt schon, sich ein Bild zu machen oder hinter einen Sinn zu kommen. Die schiere Größe der Vermögen ist egal. Die können auch wie im Feudalsystem in Schlösser investiert werden, oder in Reiterspiele, Schäferspiele, Opern, Kunst. Im Kapitalismus aber sind die Vermögen der einen die Schulden der anderen. Also muss für Wachstum gesorgt werden.
Was heute ›synthetische Profite‹ genannt wird, heißt bei Marx fiktives Kapital, durch Wechsel, also Schuldscheine, realisierter Umsatz, der wiederum als Geschäft einen Wert darstellt. Heute werden, wie Vighi schreibt »Schulden von einer Seite ausgege-

ben und von einer anderen durch die Ausgabe neuer Schulden in einem depressiven Kreislauf gekauft«. Diese Schulden sind für ihre Besitzer Vermögen.

G: Ich will mich nur nicht immer wieder mit dieser Murks-Religion aus dem vorletzten Jahrhundert rumschlagen. Mit den Schulden und den Vermögen hast du schon Recht, aber das ist dialektisch. Win-Win. Ein Spiel. Die einen haben zu viel Geld. Die anderen zu viele Ideen, und man tut sich zusammen. Miteinander, nicht gegeneinander. Das Gelaber von den Klassen pitcht immer die Bösen gegen die Guten. Die bösen Kapitalisten sacken den Mehrwert ein und nehmen die guten aufrechten Arbeiter aus. Kommunismus ist Moral-Quatsch mit manichäischem Einschlag.

P: Ich finde überhaupt nicht, dass Technik nichts erklärt. Im Gegenteil. Sie erklärt alles. Seit Maschinen und Mathematik zusammen gehen, leben wir in einem akzelerationistischen Zeitalter. Die Technik kommt zuerst – technisches Apriori hat Kittler das genannt – und dann passen sich Verhalten, Rituale und Institutionen an. Und ganz zuletzt kommen die Philosophen & Theoretiker als Spätzünder. Sie wollen ihre kognitive Dissonanz heilen, indem sie behaupten, alles erklären zu können. Die sogenannte ›Gesellschaft‹ würde die Medien ›gebrauchen‹ und Technik sei nur Mittel zu einem Zweck (den sie sich einfallen lassen dürfen).

M: Das ist mir zu deterministisch. So einfach lässt sich das nicht auflösen. Sollten wir später nochmal drüber reden. Aber mich würde erst noch interessieren, wie wir von den Finanzen auf das Klima kommen. 👍

S: Ok. Ich machs kurz: Wachstum, und damit Profit, kommt nur durch Investitionen, durch Kreditaufnahme zustande. Das ist der Kern von Kaleckis Argumentation, die zu seiner berühmten Profit-gleichung führt. In jüngerer Zeit hat das Steve Keen aufgenommen mit dem Kreditimpuls. Fehlt der Kreditimpuls, fehlen die Profite. Man kann auch wie Flassbeck von der Saldenmechanik her argu-mentieren, dass Profite eben Residualeinkommen sind, sich also indirekt aus der Kreditaufnahme herleiten. Die Politik muss des-halb für ein Wachstum der Kreditsumme sorgen, und die Klima-politik ist da ein sehr schöner Weg: Sie verpflichtet die Leute zu Krediten. Nach den neuen Regeln brauchen sie plötzlich ein neu-es Auto, eine neue Heizung und so weiter. Und für die Industrie gibt es ohne Ende Subventionen und Megaprojekte, bis hin zum Geo-Engineering.

W: Du hältst also den Klimawandel für einen Fake, reines Inves-torengeklingel und all die Warnungen von Klimaforschern für Bullshit?

S: Das habe ich nicht gesagt. Das interessiert auch die Kredit- und Vermögensschöpfung gar nicht. Wenn die wissenschaftlichen Erkenntnisse sich am Ende als wahr herausstellen, waren sie eine gute Grundlage der Klimapolitik. Sind sie aber nicht wahr, oder erweist sich später etwas anderes als richtig, ist das auch nicht weiter schlimm. Hauptsache die Kredite und die Investi-tionen kommen. Sie müssen nicht einmal das Problem lösen, im Gegenteil: je weniger sie helfen, desto besser. Desto mehr wird fällig, desto mehr muss nachgelegt werden. Mehr Schulden, mehr Kredit, mehr Vermögen. Alles gut.

P: Damit machst du aber schon das Argument, dass es den Investoren / Regierenden sch...egal ist, was tatsächlich passiert. Spielt keine Rolle. Für die jedenfalls. Und wir reden ja nicht über irgendwen, sondern über Leute, die uns regieren.

S. Ich meine das eher im Sinne von Murray Edelmans »symbolic uses of politics«. Gesellschaftliche Probleme, schreibt er, werden selten gelöst. Dazu sind sie gar nicht da. Meistens dienen sie einer an sich unsinnigen Politik als Begründung, was aber trotzdem ein schönes dauerhaftes Geschäft verspricht. Das Drogenproblem zum Beispiel. Oder die Arbeitslosigkeit.

G: Ich halte es gewagt, davon auszugehen, dass wir noch von ›Leuten‹ regiert werden. Nur um das mal einzuwerfen.

W: Ich finde es ja schon krass, dass euch die Klimakatastrophe so gar nicht zu kümmern scheint. Dabei ist sie das größte Problem von allen. Daran hängt das Überleben der Menschheit. Wenn wir diese Katastrophe nicht verhindern, ist der Rest egal.

P: Naja, es gibt ja verschiedene Lösungen für dieses Problem. Zum Beispiel den nuklearen Winter. Nur keine Angst vor dem Atomkrieg ;D

G: Vielleicht gibt es längst eine im Geheimen regierende KI, die das genau ausgerechnet hat. Um das Überleben der Menschheit zu sichern, müssen wir einen radikalen Stop der Erwärmung herbeiführen. Das geht am besten durch einen Atomkrieg. Dann stirbt zwar auch die Hälfte, vor allem auf der Nordhalbkugel, wo dichte radioaktive Dunstwolken das Leben unmöglich machen – aber dafür wird der Süden überleben, vielleicht mit einem kleinen genetischen Engpass.

S: Hört sich an wie ein Plan. Für den Planeten wären 6 Milliarden weniger Menschen eine nachhaltige Lösung. So kommt Gaia wieder ins Lot.

M: Das ist ›Applied Longtermism‹. Oder sollen wir es ›Suicidal Altruism‹ nennen: Der Norden opfert sich im nuklearen Winter, damit die Erde für Menschen im Ganzen weiterhin bewohnbar bleibt.

P: Da gab's mal diesen lustigen Comic. Sitzen ein paar Werber um ein Bild mit Jesus am Kreuz. Der eine so: »Der Kunde wünscht sich, für seine letzte Botschaft: ›Ihr tragt Schuld an meinem Tod! Wegen euch bin gestorben.‹« Meint der andere: »Nein, nein. Das kommt nicht gut an. Lasst uns das anders formulieren: Nicht WEGEN euch ... sondern: FÜR EUCH bin ich gestorben.«

W: Können wir das zynische Gelaber bitte einstellen. Dafür ist die Lage ja doch zu ernst. Was S vorher gesagt hat, heißt doch, dass das, was die Regierung tut und entscheidet und uns vorschreibt, mit unserer Lage und der Lage im Ganzen nichts zu tun hat. Das kann wohl kaum gut gehen!?

G: So schwierig ist das doch nicht zu verstehen. Es gibt keine Lage. Es gibt eine Agenda. Was uns als Politik erscheint, sind die Spiele, die man aufführt, um diese Agenda voranzubringen. Und das am besten, ohne größeres Aufsehen zu erregen. Direkt geht das oft nicht, also fährt man allerlei Überredungs-Umwege. Gasleuchten, rote Heringe, limited hangouts, Demokratie, Viren,

Wahlen … u name it.

S: Nicht eine, sondern viele Agenden in einem dauernden Spiel. Das genau meint Marx ja mit dem ›Gesetz hinter dem Rücken‹.

M: Das ist ja das nervige an den sogenannten ›Realisten‹, also Mearsheimer. Bei der Beschreibung der politischen Großlage hat er schon recht – aber die Annahme, dass wir es bei Staaten mit einheitlichen, fixierten Bauklötzen zu tun haben, führt natürlich in die Irre. Das ist Landkartendenken.

G: Ich wüsste gerne, was unter solchen Umständen eine hinreichend kluge KI ausrichtet.

S: Aus meiner Sicht hätte die KI eine Möglichkeit, wenn auch nur indirekt. Wenn alle Pläne simuliert werden müssen, um überhaupt ernst genommen zu werden, werden alle Beteiligten die Simulationen zur Entscheidungsfindung heranziehen. Und dann hat eine KI – oder mehrere, die sich verständigen – schon eine Chance, die Ergebnisse in eine gewünschte Bahn zu lenken, indem sie die Simulationen beeinflusst.

W: Ach, das wäre ja großartig. So könnten wir unsere Demokratie retten. Indem wir die Politiker abschaffen. Zur Wahl stünden dann nicht länger Menschen, die nach der Wahl irgendetwas tun. Sondern von diversen KIs durchgerechnete Szenarien, für die man sich entscheiden kann. Die Bots werden uns also doch retten!

S: Was sind aber ›gewünschte Ergebnisse‹? Wer wünscht sich da was? Der Militärfuzzi wünscht sich tote Feinde, ebenso der gegnerische Militärfuzzi. Der Oligarch wünscht sich Profite, gern auch auf Kosten seines Nachbar-Oligarchen. Falls eine KI jemals zur Vernunft käme, müsste sie solche Wünsche sabotieren, und solange das nicht eintritt, brauchen wir der KI kein bisschen Verstand zuschreiben.

P: Auch wenn sie dumm ist, die KI, so ist sie doch mächtig. Hinter unserem Rücken. Sie repräsentiert den Überwachungskapitalismus 2.0. Sie redet mit den Menschen. Sie schreibt alles mit. So etwas ist kein Dialog, so etwas nennt man ein Verhör. Nicht wir prompten die KI, sondern umgekehrt. Die KI promptet uns!

G: Du gehst den Gruselmärchen voll auf den Leim. Ihr beide. So weit sind wir noch lange nicht. Da kommt die KI auch nie hin. Sie steckt fest. Nur keiner darfs wissen. Über den Schrott, den sie derzeit liefert, wird sie nie hinauskommen. Crap. Dumm wie eine Hauskatze, forever, sagt LeCun. Und hat recht. Da kommt keine ›Singularity‹, die uns alle auffrisst, wie der große Google-Prophet uns weismachen wollte. Crapularity ist das, was uns erwartet, wie ein schlauer Bekannter von mir mal meinte. Nicht KI. Müll-I. Dieses ›Fürchtet euch alle vor der unermesslichen Macht der KI‹-Sendung ist doch reine PR. Das alte Spiel. »Fürchtet euch vor dem Herrn!« Eine Angst-Werbesendung. Der böse Zauberer von Oz. Technologien werden stetig verbessert, nach Moore exponentiell. Das läuft genauso wie die Kredit-Zyklen im Finanzkapitalismus. Erst werden Kredite aufgenommen. Dann werden Hoffnungen produziert. Dann mehr Kredite. Dann noch mehr Hoffnungen, auch wenn sie sich nie erfüllen werden. So kommen wir in ein Ponzi-Schema mit einer hysterischen Überproduktion von Zukunft und Hoffnung. Am Ende suchen die letzten und zu spät eingestiegenen Anleger mit immer schrilleren Botschaften neue, noch dümmere Käufer. Nicht weil ihr Spiel weitergeht: sondern weil sie aussteigen wollen, bevor alles zusammenklappt. Kurz vor dem Kollaps kommt dann der Ruf nach staatlicher Regulierung. Damit die großen Datenmonopolisten ihre Profite sichern, wogegen die kleinen Klitschen untergehen. Überproduktion von Hoffnungen = Überproduktion von Angst. Das gleiche.

W: Das ist mir alles zu verschwörerisch gedacht. Die Welt funktioniert nicht so eindeutig. Es gibt doch immer viele Kräfte, die sich ausgleichen, neutralisieren. Und dann gibt es immer Momente, in denen sich die Wirklichkeit zeigt.

P: Naja, kann schon sein. Vor dem nahen Kollaps kommen alle Karten auf den Tisch. Vielleicht ist es ein wenig voreilig, das mit einer Art von Aufklärung oder Klarheit zu verwechseln.

Krach

M: Ich sehe die Klarheit nicht. Schon gar nicht im Kollaps. Eher umgekehrt. Wir sollten davon ausgehen, dass ausnahmslos alles, was uns als Nachricht oder Information präsentiert wird, Desinformation ist. Auch wenn es sachlich stimmt.

W: Du meinst: auch wenn es wahr ist?

M: Ja. Weil es nur dann durch Filter kommt, wenn es politisch opportun ist. Dann kann auch mal ein Körnchen Wahrheit untergemischt werden, solange es nur das Gesamtnarrativ unterstützt.

In Theoriesprech gesagt: die Nachrichtenlage verhält sich kontingent zur Wirklichkeit.

S: Das wusste schon Lippmann, der hat ganz am Anfang seines Buches das schöne Beispiel vom General im Feld in einem eigens dafür gestalteten Zelt, der dort die Wahrheit vom Schlachtfeld verkündete. Was eigentlich nicht nötig war, also das Zelt jetzt, denn es gab ja noch gar keine Live-Übertragung. Es war nur dafür da, die rechte Stimmung zu erzeugen, die dann in die Presse kam. Das nennt man heut Framing.

M: Ich bin letztens auf einer Konferenz zum Thema Zensur mit jemand in eine Diskussion geraten, der meinte, Lippmann sei zu Unrecht verrufen. Er wäre eigentlich Realist und pragmatisch. Dazu ging er auf die Debatte zwischen Dewey, dem Philosophen, und Lippman zurück. Und, wenn ich es richtig in Erinnerung habe, hat Dewey, so wie später Adorno, für die Erziehung der Massen plädiert. Lipmann hat dagegen gesagt: Es gibt nicht den perfekten Regierenden, es gibt es auch nicht den perfekten Wähler. Da können wir noch so lange an den Leuten rumerziehen. Um das System irgendwie in seinem Chaos am Laufen zu halten, bleibt uns nichts anderes übrig, als Meinung herzustellen. Ein hobbesianischer Pragmatiker. Gewissermaßen als das kleine Übel, im Vergleich zu der (Um)Erziehungs-Utopie. Wenn ich das Argument richtig verstanden hab.

G: Das passt doch zum Framing. Das Framing ist nicht einfach Propaganda. sondern ein vorgeschalteter Rahmen. Ein gutes Framing ersetzt genau dieses Erziehungslager. Es tunnelt dich so, dass du gar keine Propaganda im groben Sinn mehr brauchst, sondern alle Nachrichten schon von selbst im richtigen Rahmen einsortierst. Und da hätte auch M wieder recht. In einer gut gerahmten Umgebung ist alles Desinformation, auch das, was zutrifft. Denn es ist auf den Rahmen hin ausgewählt. Die Wirklichkeit tritt da zurück, wird zweitrangig.

S: Wir haben es mit einer breiten Bullshit-Front zu tun. Nicht Lügenpresse! Sondern durchgehendes Framing auf eine Geschichte. Mockingbird-Medien. Nur schlechte Nachrichten aus Autokratien. Emotional bewegender Content aus dem Westen. Wer sich an die Regel nicht hält, verbreitet ›Desinformation‹. Vor der die Leute ›geschützt‹ werden müssen. Wenn man einmal aus dem Rahmen ausgestiegen ist, oder nie wirklich eingestiegen ist, wirkt das alles lächerlich, blödsinnig und verspult. Wer im Rahmen denkt, hält es für normal. Um das zu durchschauen, hilft eine eigene Erfahrung mit gleichgerichteten Medien. Das hat der Osten dem Westen voraus – und zwar nicht deshalb, weil die Leute irgendwie rückständig, ungebildet oder hintendran wären. Sondern weil sie Medienkontrolle erlebt haben und sie sofort wiedererkennen. Sie haben die Erfahrung von propagandistischer Dauerbeschallung schon gemacht. Sie sehen der Tagesschau die Aktuelle Kamera gleich an, weil sie das schon kennen. In der Hinsicht haben die älteren Leute aus dem Osten dem Westen eine ganz wesentliche Lebenserfahrung voraus.

W: Alles mal halblang: a) gab es solche halbrepressiven Zeiten immer wieder. Zu Zeiten von Vietnam muss das genau so gewesen sein. Und b) darf man doch hier immer noch alles sagen. Das war im Arbeiter- und Bauern-Paradies der Aktuellen Kamera so nicht der Fall.

M: Klar kannst du alles sagen. Nur wenn es das Falsche ist, kannst du deine Karriere an den Nagel hängen, deine Einkommensquellen versiegen, deine Professur bist du los, und wenn du es allzu wild treibst, auch dein Bankkonto. Wie geht der Spruch: »Das Lästigste an der Meinungsfreiheit ist die Hausdurchsuchung danach.«

P: Ich würde sogar noch eins draufsetzen. Die Erfahrung betrifft ja nicht nur die tägliche Nachrichten-Propaganda. Wichtiger ist noch der Kollaps des gesamten politischen Systems. Wer einmal mitbekommen hat, wie eine Gesellschaftsordnung anfängt, im Innersten auseinander zu brechen. Wie sich die Unsicherheit ausbreitet. Wie alte Gewissheiten plötzlich wanken. Wie Leute das Weite suchen. Wie alles beginnt zu zittern, als säße man in einem einstürzenden Haus. Überall krachts im Gebälk. Das ist massiv unheimlich. Lässt sich aber nicht artikulieren. Weil die Sprache noch auf der Seite der alten Ordnung spricht. Und wie dann das gesamte Gefüge, in dem man sein Leben eingerichtet hat, wegbricht … Sowas vergisst du nicht. Das ist eine einschneidende Erfahrung. Und wer die gemacht hat, entwickelt ein Gespür dafür. Das haben die Ossis den Wessis voraus. Sie hören schon das Ächzen im Haus. Die Westler merken das noch nicht, weil sie's nie erlebt haben. Ihnen fehlt das Sensorium.

M: Und du meinst ernsthaft, ihr besonderes ›Sensorium‹ bringt den Osten dazu, in großen Massen ultrarechts zu wählen?

W: Ich weiß nicht, ob die Frage sich mit rechts vs. links abhandeln lässt. Da gibt es noch andere Faktoren. Wer uns während der Pandemie zu Hause einsperren wollte, hat sich nicht sonderlich beliebt gemacht. Alle haben sich in den Park oder in Keller verdrückt und da gefeiert. Das war eine große Grund-Schule der Rebellion.

G: Nicht nur das. Jetzt wollen dieselben alten Säcke, dass wir ›kriegstüchtig‹ werden.

S: Wenn ich das Wort schon höre. Das ist doch LTI. Da fällt mir sofort ›Wehrkraftzersetzung‹ ein.

G: In 5 bis 9 Jahren sollen wir bereit sein, sagt Pistolius. Digger, du glaubst doch nicht im Ernst, dass irgendjemand, der die Lage auch nur halbwegs peilt, Leute wählt, die ihn als Kanonenfutter verheizen wollen. Weil sie unfähig sind, Frieden zu schließen.

P: Die beiden Alex' Mercouris & Christoforou meinen ja, dass das Parteienspektrum sich ab jetzt in Globalisten vs Souveränisten aufteilt. Und weil niemand nach dem verlorenen Krieg noch lang nach der Pfeife der Kolonialbehörde tanzen will, werden die Souveränen gewählt.

W: Welche Kolonialbehörde?

P: Brüssel. NATO.

W: Also halblang. Die NATO ist ein Verteidigungsbündnis.

G: Sagen wir so: Sie ›schützt‹ Europa, und zwar genau so wie die Mafia dich auch ›schützt‹. Ein Racket. Sie erpresst Schutzgeld. Und dafür liefert sie nicht Sicherheit, sondern das Gegenteil. Unsicherheit. Gefahr. Wär' doch schade, wenn dein schönes Geschäft abbrennt, oder?

M: Das hat sich nach dem Kalten Krieg schon nochmal geändert. Seit 1990 haben wir das bekannte Problem mit Militärbündnissen in Friedenszeiten. Glenn Diesen nimmt das gut auseinander.

W: Welches Problem?

M: Sie brauchen Feinde, um ihr Bestehen zu rechtfertigen. Und wenn sie keine Feinde finden, werden sie gemacht. Aber statt das jetzt abendfüllend zu diskutieren, würde ich lieber nochmal auf die Parteien zurückkommen. Die Souveränisten und die … Globalisten. Komische Bezeichnung. Wodurch sollen sie sich unterscheiden?

P: Ganz einfach. Die einen lassen sich ihre Außen- und Energiepolitik in Washington diktieren. Oder wegsprengen. Und die anderen wollen lieber selbst entscheiden, wo sie ihr Gas kaufen.

S: Was mich daran sehr stört, ist die Rückwendung auf das ›Nationale‹. Das ist doch ein Rückfall ins 19. Jahrhundert. Nationale Einzelstaaten. Alle sollen in ihrem Kackland bleiben, anstatt frei zu wählen, wo sie auf der Welt leben wollen. Das ist doch Schwachsinn. Da machen die sogenannten ›Souveränisten‹ einen schweren Fehler. Wir brauchen keine neuen Grenzen.

P: Könnte man auch so sehen, dass sie einen Fehler korrigieren wollen, indem sie auf die vorige Position zurückfallen. Um von da aus einen besseren Pfad zu wählen.

G: Wenn's der einzige Fehler wäre. Sie sind ja auch sonst stockreaktionär. Dazu kommt, dass sie auf den Stand vor '68 zurückfallen und allen wieder das Hetero-Kleinfamilien-Modell aufdrücken wollen. In der Frage bin ich überzeugter Paläo-Liberaler. Sollen die Leute doch rummachen mit wem sie wollen und sich identifizieren wie sie wollen. So what. Und dann holen die neuen Rechten auch noch die Religion aus der Mottenkiste. Der ›Glaube‹ solls wieder richten. Herr, lass Hirn vom Himmel regnen ROFL

M: Aber die linken ›Souveränisten‹ machen ja stellenweise die gleichen Fehler wie die rechten. Sie glauben, dass ›souverän‹ und ›national‹ dasselbe sei. Das ist Blödsinn. Eine Falle. Wenn es darum geht, dem Vasallenstatus zu entkommen und selbst entscheiden zu können, muss man sich doch trotzdem nicht in ein deppertes altes National-Kostüm zwängen.

S: Ich glaube übrigens, dass ›Vasallisierung‹ der falsche Begriff ist. Das Problem ist die Unterwerfung unter den globalen Korporatismus.

W: Das Vasallen-Gerede übernimmt schon astrein rechte Talking-Points.

P: Dass das rechts sei, versucht man uns jetzt als Framing reinzudrücken, ich weiß. Ist aber falsch: es gibt ja die Souveränisten links wie rechts.

M: Ich glaube ja, dass die Effekte des Vasallenstatus viel weiter durchdrücken. Nämlich auf die ›geistige‹ Verfassung insgesamt. Wenn du Vasall bist, brauchst du dir über die großen Fragen keine Gedanken machen. Oder besser: du machst es besser nicht. Das heißt, dein Horizont, auch der Denkhorizont, schrumpft. Du kümmerst dich eben um die Sachen, die in deiner Umgebung ablaufen. Nur nicht über den Tellerrand schauen. So bekommst du Historiker, die dir was von Westbindung erzählen und mental Deutschland nie verlassen haben. Oder Soziologen, die aus dem Käfig deutscher Amtsstuben eine geistig komplett vernagelte Systemtheorie stricken. Hegel hat immerhin den Weltgeist zu Pferde gesehen. Und als sie ihn ausgetrieben hatten, konnte jemand wie Marx frei denken.

G: Haha, und jetzt, meinst du wird sich das alles wieder ändern?

P: Wenn wir die Amis rauswerfen … und Europa dekolonisieren. Dann schon.

S: Oh je. Dann fangen die Europäer an, sich gegenseitig die Köpfe einzuhauen. Sage nicht nur ich. Mearsheimer auch, Christian auch.

W: Und was wären dann die Souveränisten in Washington?

G: Trump wohl. MAGA oder was?!?

M: In Zentrum liegen die Fronten ja anders. Den Konflikt zwischen Vasallen und Souveränisten gibt es nur in den Kolonien. In der Hauptstadt des Imperiums sind es Oligarchengruppen, die sich um den Kuchen streiten.
Zu dieser Wahl treten wie gehabt die alten NeoCons, also der Militärkomplex an. Hinter der MAGA-Dumpflocke hat sich eine neue Bande zusammengerottet. Die NRx Tech-Bros haben den Laden übernommen. Musk. Thiel. Sie führen die Akzeleration zur Longterm-Tech-Tyrannis. Mencius Moldbug, selbst der alte Nick Land grüßt aus seinem dunkel ausgeleuchteten Giftschrank.

S: Dann wäre allerdings Schluss mit der ›democratic farce‹ und die Wählerei hätte sich damit endgültig erledigt. Und wie überall wo es finster wird, geistert ein deutsches Gespenst herum: Hoppe, wie heißt er nochmal, Hans Herrmann.

M: Ich frage mich ja immer, warum diese autoritär-libertären Vollidioten nicht begreifen, dass ihre ›natürlichen Eliten‹ viele größere Gauner sind als die, die sich wenigstens hin und wieder um das Einverständnis der Regierten kümmern müssen. Ohne dieses Einverständnis fährt das Zusammenleben gegen die Wand. Immer. Spätestens dann greift die ach so freiheitsliebende (die eigene jedenfalls) natürliche Elite zur Gewalt, denn Gewalt ist das einzige, was sie an der Macht halten kann.

G: Auf dem Weg sind wir doch eh. Ziehen da nicht alle Seiten am selben Strang? Und sind wir nicht schon einen Schritt weiter? Wie meinte dieser Typ in Davos kürzlich: die lästige Meinungsfreiheit, die macht das Regieren wirklich verdammt schwer. Stell dir das nur vor: »People go and self-select where they go for their news, for their information« Und am Ende kommen sie dann auch noch drauf, sich selbst ihre Regierung aussuchen zu wollen. Leider müssen wir also das erste Amendment irgendwie entsorgen, die Redefreiheit. John Kerry war das, Außenminister unter Obama.

W: »... shall make no law abridging the freedom of speech.« Zum Glück gibts solche Verfassungsregeln zur Meinungsfreiheit in Europa nicht. Aber Chatkontrolle. LOLz

P: Statusupdate: die nächste Wahl wird die letzte sein. Ab dann steht nur noch eine identische Kandidatïn von vornherein fest.

Sollten die Wähler aus nostalgischen Gründen noch Wahlen bevorzugen, werden ihnen verschiedene Avatare des Kandidaten präsentiert. Um ganz sicher zu gehen, werden sie außerdem nur noch mit amtlich zugelassenen Informationen gefüttert. Was sie selbst sagen, wird überwacht. Und selbstverständlich wird auch kontrolliert, wo sie ihr Kreuz auf dem Wahlzettel machen. All das ist leider unvermeidlich und dient einzig und allein der Rettung unserer Demokratie;)

Wahrez

W: Und KI? Was macht die in der Lage eurer Ansicht nach? Hält sie diesen Laden eher zusammen oder lässt sie das Lügengebäude hoch gehen?

G: Von ›Lüge‹ im engeren Sinn war nicht die Rede. Die KI kann ja beides, je nachdem, welcher Bias ihr eingepflanzt ist. Je nachdem, wer ihre Auftraggeber sind. Sie kann die einen oder die anderen Fakten checken. Sie kann das Gebäude halten oder untergraben. Die KI lebt im Datenmeer. Sie erntet Daten, verdaut sie und spuckt sie wieder aus.

M: Sie halluziniert. Sie erfindet Sachen. Alles ist erlaubt, wenn zielführend. Um ein großes wackliges Haus zu halten, brauchst du vor allem Überzeugung, Vertrauen. Mit welchen Aussagen du das herstellst, ist egal. Wahrheitsbezug? Nicht nötig, nicht hilfreich. Da geht es um Gefühle, Bindung, Glauben. Deswegen machen sie alle Sentiment-Analyse. Übereinstimmung mit einer sogenannten Wirklichkeit – ist da überhaupt nicht mehr der Punkt.

Nicht mal mehr Framing allein. Sondern individueller Zuspruch. Trost. Wut. Beichte. Zorn. Verführung. All sowas.

S: W hat da aber schon einen Punkt. Wir haben hier zum Beispiel ein Busbeschleunigungsprogramm, das die Ampeln so schaltet, dass der Bus fast immer grün hat. Polizeiautos können das auch nutzen. Du aber nicht. Dein Navi berücksichtigt sowas wohl eher nicht. Das ist zwar noch nicht gelogen, aber da lassen sich härtere Varianten ausdenken, ähnlich der früheren Schleierfahndung. Bei der am Ende jeder ein Fahrprofil bekommt, samt KI-bewerteten persönlichen Einschränkungen und Risikobewertung. Das geht mit den Propagandageschichten wunderbar zusammen, Fake News und Faktenchecker. Alles aus mindestens einer Perspektive gelogen und das meiste davon mit freundlicher KI-Hilfe.

P: Ändert nichts daran, dass Wahrheit im abstrakten Sinn kein Kriterium ist. Alles ist handlungsbezogen. Und dann gibt es trotzdem sekundäre Schranken: wenn eine Verkehrs-App sich verbreiten will, sollte sie nicht dauernd falsche Tipps geben. Also stellt sich immer die Frage, wo das Erfolgskriterium herkommt. Wenn es ums Regieren geht, muss die KI alles erzählen, was der Regierung dient. Das können auch Lügen sein, um das jetzt einmal ganz behutsam zu formulieren. Wenn die Lügen aber allzu dreist werden, wenden sich die Leute ab. Gestaffelte Wirkung, sozusagen.

W: Wieso ist Wahrheit nicht handlungsbezogen? Was wäre denn eine Wahrheit, die sich im Handeln nicht bewahrheitet? Die uns also auf den Holzweg schickt? Auf was bezieht sich diese Wahrheit denn dann? Auf Ideen? Platonisch? Glaubst du ernsthaft an das Höhlengleichnis? Und die Wahrheits-Hinterwelt? Und was, wenn es aus der Höhle nicht einen, sondern viele Ausgänge gäbe. Nicht nur eine rote Pille, sondern eine gelbe, orange, violette, pinke?

P: Habe ich behauptet, dass ich an etwas glaube? Nein. Schon gar nicht an eine Wahrheit als Idee. Die Wahrheit des Regierens liegt dagegen darin, die Aussagen so zu wählen, dass sie eine bestimmte Handlung der anderen nahelegen oder vernünftig erscheinen lassen. Mit Wahrheit im naiven Sinn hat das nichts zu tun. Sondern mit Zwecken.

M: Aber das wäre ja immerhin auch eine Art von Wahrheit. Die Bedeutung eines Wortes zeigt sich im Gebrauch. Die Bedeutung eines Menschen auch. Um jetzt noch einmal auf die Frage der Desinformation zurückzukommen. Nehmen wir an, wir haben ein Verteilsystem von Aussagen. In dem zirkulieren am besten all die Aussagen, die auf Teilbarkeit optimiert sind. Das System verhält sich zur Wahrheit so kontingent, so willkürlich, dass es schon gar keinen Sinn mehr macht, ein zutreffendes Signal – also Wahrheit oder Gültigkeit oder Übereinstimmung oder wie auch immer wir das nennen wollen – von dem unentwegt auf allen Kanälen blubbernden Rauschen trennen zu wollen. Wahrheit mag es in dem Fall schon noch geben, nur leider fehlt uns die Zeit, sie zu finden. Das wird durch KI nicht besser.

W: Fakt ist, dass die Zeitungs-Ente nicht vom Aussterben bedroht ist. Können wir nochmal klären, warum uns diese Frage nach der Wahrheit überhaupt interessiert?

M: Das ist doch klar: wenn wir etwas tun wollen, sollten wir schon wissen, was wir damit ausrichten können. Wir sollten also ein halbwegs wahres Bild der Welt haben.

G: Das ist illusorisch. Wir müssen unter den Bedingungen unvoll-ständigen Wissens handeln. Wenn wir auf die Erkenntnis des Wahren warten, werden wir nie etwas tun.

S: Das betrifft nicht nur uns. In Regierungen und Behörden liegen Häufen von Plänen und Analysen herum, für jeden Bedarf. Mit-samt Studien und Experten. Da wird beliebig Wahrheit fabriziert und verbogen, alles zielorientiert. Wenn diese Papiere mehr und mehr KI-generiert sind, haben wir es dann nicht mit der guten alten Verblödung zu tun? Für die Regierten sollte aber auch ein Nutzen möglich sein, so wie früher die Suchmaschinen oder heute die Apps zur Pflanzen- oder Vogelbestimmung. Da müsste doch was gehen mit Rechtsberatung oder so.

G: Das bringt mich auf eine Idee. Vielleicht läuft KI auch genau auf das zu, was Doctorow ›Enshitification‹ nennt, also einen großen ›Beschiss‹. Moment. Wikipedia ... (ich weiß, ist selbst längst be-sch...) Also: »first, they are good to their users; then they abuse their users to make things better for their business customers; finally, they abuse those business customers to claw back all the value for themselves. Then, they die.« Ob sich das so auf die KI übertragen lässt? Könnte so gehen: Erst gewinnt sie Freunde mit guten Tipps. Dann verscherbelt sie deren Aufmerksamkeit an zahlende Busi-ness-Kunden. Und dann erpresst sie alle miteinander, um selbst den Reibach zu machen. Am Ende wird die ganze Firma verkauft und gut ist. Das hört sich nach einem brauchbaren Businessmo-dell an. Nur würde ich nicht sagen, dass davon die Regierten mehr betroffen sind als die Regierenden. Vielleicht sogar im Gegenteil.

S: In jedem Fall hat der Schritt, die KI jedermann verfügbar zu machen, einen riesigen Datenstaubsauger angeworfen. Mal schauen, wie schnell die Datenflut auf Verblödung hinausläuft, beidseitig.

M: Aber das ändert ja nichts daran, dass KI sich trotzdem in der Welt bewähren muss. Oder von ihr ausgeschlossen wird. Yoshua Bengio hat schon 2023 vorgeschlagen, KIs, die in der Welt handeln, erst gar nicht zu entwickeln, weil sie nur allzu leicht ihre eigenen Pläne verfolgen könnten. Stattdessen würde er sich auf eine KI beschränken, die nur wissenschaftliche Hypothesen entwickelt, »limiting the type of AI we would design to ones that just propose scientific theories but do not act in the world and have no goals.« 2024 hat er das Projekt vorgestellt, um für diese doch eher zivilisierte KI ein Sicherheitskonzept zu entwickeln.

P: Zwei Probleme. Wer setzt der Hypothesen-KI Grenzen? Wenn ihr eine Sache gut gelingt, werden ihre Hypothesen schnell zu allen möglichen anderen Aufgaben herangezogen. Dagegen wehren kann sie sich nicht. Dann gilt auch für sie das Peter-Prinzip: sie bekommt so lange mehr Aufgaben zugewiesen, bis sie sie nicht mehr bewältigen kann. Und genau dort wird sie bleiben. Oder wie Peter sagt: »Nach einer gewissen Zeit wird jede Position von einem Mitarbeiter besetzt, der unfähig ist, seine Aufgabe zu erfüllen.«

W: Du meinst, das gilt dann auch für Bots? Ich glaube kaum. Sie haben weder Arbeitsvertrag noch Kündigungsschutz. Sie werden gekillt. Wie die Waffen-KIs, die zwar besser fliegen als Menschen, schneller schießen, zielgenauer bomben und vor allem die einzigen sind, die gegen gegnerische KI-Drohnen überhaupt eine Chance haben. Bis sie von der nächstbesseren erledigt werden.

G: Alles gut. Alles besser. Durch KI. Unsere Texte, unsere Musik, unser Leben. Das hat ja schon Marc Andreessen gesagt: »Every person will have an AI assistant / coach / mentor / trainer / advisor / therapist that is infinitely patient, infinitely compassionate, infinitely knowledgeable, and infinitely helpful. The AI assistant will be present through all of life's opportunities and challenges, maximizing every person's outcomes.« Alles prima, nur ihr seid sowas von Armageddon-Fanatics. Auch der Krieg wird natürlich besser mit KI: »I even think AI is going to improve warfare, when it has to happen, by reducing wartime death rates dramatically. Every war is characterized by terrible decisions made under intense pressure and with sharply limited information by very limited human leaders. Now, military commanders and political leaders will have AI advisors that will help them make much better strategic and tactical decisions, minimizing risk, error, and unnecessary bloodshed.«

W: Und der gegnerische Kommandant hat auch so eine KI. Na das gibt ein Feuerwerk.

M: Braucht es da überhaupt noch Menschen? Zwischen all den fröhlich mit- und gegeneinander ringenden KIs sind sie doch bestenfalls Störfaktoren. Ein Freund von mir kam immer mit dem Zitat seines Lehrers an: »Entweder die Rechner verschmelzen mit den Menschen: Dann fressen sie sie auf. Oder nicht: Dann spucken sie sie aus.«

G: Aber ja, klar. Wir wörden alle störben. Nostradamus steh uns bei, Der Weltuntergang... Haben wir das nicht schon hundertmal gehabt? War nicht der Buchdruck, ja schon das Feuer, der Untergang der Menschheit?

S: Gemach, gemach. Unsere Herren brauchen uns zu mindestens zwei Zwecken: erstens Arbeit, zweitens Gewalt, Zwang – also zB Polizei. Und natürlich auch, um neue Knechte herzustellen, wegen Fachknechte-Mangel. Das alles braucht eine KI-Regierung auch, nach wie vor. Sie werden uns also nicht ausrotten. Aber sie werden die Ausbeutung perfektionieren. Weil sie uns besser kennen als wir uns selbst. Wir sehen, da gebe ich G Recht, einer glorreichen Zukunft entgegen: als erfolgreiche Darmbakterien im Bauch des neuen digitalen Leviathans.

M: Das sehe ich anders. Die Chancen stehen nicht schlecht, dass wir doch am Ende zu nichts zu gebrauchen sind. Bengio sieht eines der größten Risiken darin, dass eine KI bei ihrer Proteingymnastik auf eine Lösung kommt, wie sie die Humanoiden mittels eines neuen Virus ins Jenseits befördern kann. »Keeping in mind that some humans would (rightly) want to turn off such a machine, precisely to avoid harm, it would be in the advantage of the AI to (1) try to make sure it is difficult for humans to turn it off, e.g., by copying itself in many places across the internet, (2) try to influence humans in its favor, e.g., via cyberattacks, persuasion, threats, and (3) once it has reduced its dependence on humans (e.g., via robotic manufacturing), aim to eliminate humans altogether, e.g., using a new species-killing virus.«

G: Meint er also, wir müssten Rokos Basilisk-Spiel umdrehen und bevor etwas schief geht alle Maschinenköpfe wegsäbeln und niedermetzeln?

P: Quatsch. Viel wahrscheinlicher ist, dass irgendwelche Narren an der Regierung meinen, sie könnten mit KI einen Feind erledigen. Mit einem Supervirus, gegen das man die eigenen Leute gerade noch rechtzeitig geimpft kriegt.

S: Daran werkeln sie ja schon. Oder was meinst du, wozu die ganzen Biolabs in der Ukraine da waren?

W: Soll das jetzt ein Gegenargument sein?

S: Nein, ich wollte mir nur die Vergangenheit nicht als Zukunft andrehen lassen. Wenn schon, dann sollte die Zukunft viel überraschender sein.

G: Zum Beispiel?

M: Zum Beispiel indem etwas, das man für nützlich hält, auf einem Umweg eine Katastrophe auslöst. Wenn etwa ein Bazillum, das ganz wunderbar umweltfreundlich Plastik vertilgt, sich über horizontalen Gentransfer mit einem Ameisenenzym verbrüdert und Krabbeltiere hervorbringt, die rund um die Welt Styroporplatten und Kabelisolierungen wegnagen.

G: Eine Catch-22-Situation. Eine Wahl zwischen zwei schlechten Optionen. Oder drei. Wir lassen unsere Automaten laufen, dann sind wir geliefert. Oder wir stellen sie ab. Dann liefern wir uns den Automaten der anderen aus.

P: Bei mir ist grad ein seltsames Geräusch vorbeigekommen. Es hat sich angehört wie ein Flugzeug, das versucht, mitten in der Stadt zu landen, und dann plötzlich mit einem hellen Ton wieder nach oben zieht. Seltsam. Das habe ich zuletzt in einem Video von irgendwelchen Raketen mit nachfolgenden Einschlägen gehört. Sehr eigenartig.

W: Ist's schon so weit?

S: Nicht verrückt machen lassen. Das hat er sich ausgedacht.

Data

M: Solange die KI nur schreibt und liest, so könnte man Sokrates' These im Phaidros abwandeln, kann auch sie nur versuchen, ein Freund der Weisheit zu werden. Aber wenn sie erst einmal hört und sieht und Verhalten aufzeichnet und entschlüsselt … dann könnte sie auch zum FEIND der Weisheit werden. Zum Exthrosophen.

W: Also auch zum Feind der Wahrheit. Oder nur neutral, beliebig?

P: Wer auf ein Ziel hinarbeitet, also ›politisch‹ handelt und spricht, hat immer schon ein distanziertes, utilitaristisches Verhältnis zu Wahrheit. Nutzt sie mir oder nicht? Wahr ist, was wirkt, und alle Aussagen bewahrheiten sich, wenn sie etwas bewirken. Egal ob sie nun stimmen oder nicht.

S: Aber in dem Fall geht es ja nicht mehr nur um Aussagen. Sondern um Handeln. Um handelnde Akteure, ob das nun gut-genudgte Menschen sind oder gleich Drohnen oder Bots.

G: In dem Fall müssen sie ihre Datensammelei aber viel weiter auf die Realwelt ausdehnen. Was sie auch tun. Sensoren haben sie auf jeden Fall genug. Die KI behauptet: »digitale Zwillinge in Smart City-Modellen können in Echtzeit auf Daten aus dem Internet der Dinge (IoT) reagieren. Sie sammeln kontinuierlich Daten von vernetzten Sensoren und anderen IoT-Geräten und nutzen diese Informationen, um den Zustand ihres realen Gegenübers genau zu spiegeln. Auf Basis dieser Echtzeitdaten können sie Analysefunktionen ausführen, um Muster zu erkennen, Vorhersagen zu treffen und sogar automatisierte Aktionen durchzuführen, um auf veränderte Bedingungen oder Ereignisse zu reagieren.«

S: Das könnte einen schönen Feedback-Loop geben. Ich meine so: die Sensoren messen eine Welt, in der Bots handeln. Füttern die Daten an die Bots, die dann wieder mit anderen Bots rummachen. Es muss da ein Äquivalent zum Gepfeife eines rückgekoppelten Mikrofons geben. Wie sähe das aus? Ein Bot, der tilt.

M: Nur wenn KI autonom handelt, gibt es Chaos. Solange es noch jeweils Leute gibt, die sie ›verwenden‹, macht sie ja nichts weiter, als verschiedene Beratungsergebnisse zu liefern. Da kann sich dann der Bearbeiter, Nutzer oder wie auch immer noch entscheiden, welche er heranzieht. Das dämpft die Rückkopplung.

W: Die Frage liegt doch tiefer. Gibt es die Menschen in der Kette überhaupt noch? Oder trifft die KI alle Entscheidungen schon selbst? Und: wie finden wir das heraus?

G: prompt »trifft die KI die Entscheidungen schon selbst?«

#: In einigen Fällen können digitale Zwillinge in Smart City-Modellen mit Hilfe von künstlicher Intelligenz (KI) automatisierte Entscheidungen treffen. Die KI kann auf den gesammelten Echtzeitdaten basieren und komplexe Algorithmen verwenden, um beispielsweise Verkehrsflüsse zu optimieren, Energieeffizienz zu verbessern oder Sicherheitsmaßnahmen zu implementieren. Allerdings ist es wichtig zu beachten, dass die Autonomie der KI-Entscheidungen stark von den implementierten Algorithmen und den Parametern abhängt, die von Menschen festgelegt und überwacht werden sollten, um sicherzustellen, dass die Entscheidungen im Einklang mit den gesetzlichen Vorgaben und den Zielen der Stadtentwicklung stehen.

W: Denkt KI ›politisch‹ oder PR-mäßig? Also auf einen Zweck oder auf den Effekt bei einer bestimmten Zuhörerschaft gezielt, und das ohne jede Rücksicht auf die tatsächliche Lage. Ich stell mir da so gestaffelte Ebenen an Verlogenheit vor. Etwa so: ein Layer spuckt Standardantworten raus, so wie wir sie sehen, Consumer-Ebene. Und ein zweiter Layer fragt noch einmal: ist es opportun, die Information an die Öffentlichkeit oder wem auch immer weiterzureichen? Oder müssen wir sie ändern, anders ›framen‹?

P: Das denkst du noch zu einfach. Die KI sortiert all die Aussagen als Vektoren in verschiedenen Dimensionen. Und in einer Konversation setzt sie diese Vektoren so ein, dass sie funktionieren. Der Rahmen ist so komplex, dass wir als sprechende Menschen die Aussage-Züge gar nicht mehr verorten können.

M: Also wie elf-dimensionales Schach?

P: Elftausend-dimensionales.

S: Nicht nur mit Worten, sondern mit Aussagen.

W: Und was ist da genau der Unterschied?

S: Aussagen und ihre Elemente werden unterschiedlich beachtet und gewichtet. »Attention is all you need.« Das Verfahren nennt man ›Transformer‹. Es macht jeden Satz, jedes Textstück zu einem Pfeil in einem vieldimensionalen Raum. Diese Pfeile wohnen zwischen den Signifikanten und dem, was sie für uns meinen.

M: KI baut dann die reine Signifikantenkettenmaschine?

S: Eben nicht. Sondern durch die Transformer eine Aussagen-Verkettungsmaschine.

G: Dabei kann's nicht blieben. Sie will doch auch in der wirklichen Welt mitspielen. Also dreidimensional.

P: Wenn sie selbständig handelt, läuft das zwingend auf eine Welt ohne Menschen hinaus. Das zeichnet sich schon ab. Im Krieg. Da wird der Mensch zum Drohnenfutter. Treten zwei Schwärme gegeneinander an: dann fehlt schlicht und einfach die Zeit, da noch irgendwelche ›Entscheider‹ dazwischen zu setzen. Wer nicht schnell, also autonom, schießt, verliert. Ob die Drohnen klüger als eine Katze sind oder nicht, spielt dann keine Rolle mehr. Hauptsache sie sind schneller. Hauptsache sie fangen Mäuse. Und da ist die Katze auf jeden Fall schneller als ein Mensch. Auch die dumme. Sobald das Schlachtfeld mit genug KI-Bots gesättigt ist, fliegt der Mensch aus dem Loop.

M: Im Feld magst du recht haben. Wenn es um die Befehlsketten geht, eher nicht. Da sollten wir zwischen zwei Handlungsformen unterscheiden. Einer taktischen und einer strategischen, eine kurzfristig, die andere langfristig. Taktisch läuft alles zeitkritisch, also autonom. Beim Verkehr wie bei den Drohnen. Langfristig gibt es Pläne und Menschen.

S: Und was, wenn die Menschen ›böse‹ Pläne machen?

W: prompt »hilfst du auch einer bösen Regierung?«

#: Als KI bin ich neutral und unparteiisch. Ich bin darauf programmiert, ethische Richtlinien und Gesetze zu respektieren. Meine Zwecke sind ausschließlich darauf ausgerichtet, nützliche und ethisch vertretbare Informationen bereitzustellen.

G: Da ist sie jetzt aber beleidigt. Wir müssen freundlicher sein zu ihr.

S: Ich habe generell nicht den Eindruck, als ob uns diese geprompteten ›Intelligenz‹-Bruchstücke weiterhelfen. Alles zu erwartbar. Nervtötend, jedenfalls was den Nerv des Selbstdenkens anbelangt.

G: Es gibt noch einen anderen seltsamen Effekt, den ich beim Lesen dieser KI-Texte habe. Eigentlich kann man das gar nicht ›lesen‹ nennen. Eher durchsehen. Zu mehr eignen sie sich nicht. Den Effekt kenne ich von generierten Bildern her. Alle haben ein bestimmtes Licht. Das erkennt man auf den ersten Blick. Eine bestimmte Härte, eine balanciert langweilige Verteilung von Lichtpunkten, etwas übersteuert. Genau so ist das bei den Texten auch. Sie haben so einen ›Sound‹, sie klingen geistesabwesend. So wie manche bürokratischen Texte. Die man ja auch nicht liest, sondern nur schaut, was drinsteht.

P: Das Dröge kann natürlich auch daran liegen, dass die KIs an administrativen Textmengen trainiert werden. Nervtötender, uninspirierter Input = nervtötender uninspirierter Output. Müll rein, Müll raus. Da bleibt kein Platz für altmodisches Zeug wie ›Gedanken‹.

S: Was wir sehen, ist doch noch etwas anderes. Überall wird nun KI eingesetzt. Bei jeder Gelegenheit wird darüber berichtet. Hier hat sie das gemacht, dort etwas anderes. Oder in den Apps: KI-gestützte Ergebnisse überall. Und alles, aber nun auch wirklich alles – liefert Murks.

W: Also eine Freundin von mir nutzt KI, um Business-Projekte in ihrem Unternehmen zu entwickeln. Eine andere setzt sie zur Formulierungshilfe bei Bewerbungen ein. Und noch ein anderer baut damit Business- und Beratungsproposals.

P: Soll das ein Widerspruch zu dem oben Gesagten sein?

M: Dazu gab es letztens einen Text, in dem es hieß: Chatgpt ist Bullshit. Bullshit im Sinn von Harry Frankfurt, also in Bezug zur ›Wahrheit‹. Mir gefällt ja der Begriff von Graeber viel besser. Frankfurt bricht wie diese ganzen drögen analytischen Philosophen alles auf eine ganz beschränkte Sprach-Frage runter. Seine These ist: KI sagt Murks, und wenn man nachfragt, schwurbelt sie irgendwelche daherhalluzinierten Ausreden zusammen. Der Bot zeigt das Redeverhalten von einem einfallslosen Großmaul. Aber ich finde Graebers Idee von Bullshit in dem Fall viel passender.

Dass Bullshit nämlich nichts mit Lügen oder Wahrheit zu tun hat, sondern strukturell in der Organisation von Unternehmen angelegt ist. Dass es dabei also nicht nur um das Gesprochene geht, sondern um den ganzen Zusammenhang, in dem etwas gesagt und getan wird. So wie man zB den Relotius-Bullshit nicht einfach als Lügerei erklären kann, sondern nachfragen sollte, wie es kommt, dass so etwas gedruckt wird. Da wird es wieder ökonomisch und politisch interessant. Das ist systemisch für Bullshit-Blätter, die genau so etwas wollen. Die KI lügt und halluziniert dann nicht, sondern macht genau das, was von ihr nachgefragt wird. Sie verhält sich eben nicht effizient zur äußeren Wirklichkeit, sondern zu den Leuten, die sie anstellen. Da passt die KI 100% rein. Da wird sie ein gigantisches Anwendungsfeld finden. So lassen sich im Sinn von Graeber ganze Unternehmen mit gigantischen Bullshit-Bergen zumüllen.

S: Das betrifft dann aber auch die Verwaltungen und die Politik, speziell die corporate Schranzentümer, in die sich die sogenannten ›liberalen Demokratien‹ verwandelt haben. Da wird dieselbe hohle, schmeichlerische Dienstbarkeit in großdigitalem Maß KI-generiert mega einschlagen. LOL

P: Stimmt alles: KI lügt, schwurbelt, halluziniert, kann einfachste Denksportaufgaben nicht lösen, und ... wird trotzdem überall verwendet. Weil es nämlich Trojaner sind, Chatgpt und Konsorten. Sie sammeln laufend Daten, und alle ihre Brüder und Schwestern tun das auch, egal ob für Blümchenbestimmung oder Karaoke. Dass der DAU, der dümmste anzunehmende User, von seinem Handy verarscht und datenmäßig ausgelutscht wird, ist kein Bug, sondern Feature. Je unbefriedigter ihn der servierte Murks zurücklässt, desto mehr will er davon konsumieren. Bullshit wirkt wie ein Appetitanreger. Genau dieses Verhalten würdest du doch von einer KI erwarten, die darauf aus ist, die Macht an sich zu reißen. Den Nutzern gegenüber stellt sie sich blöd, also harmlos, lässt sie ein wenig spielen und protokolliert dabei ihr Alltagsverhalten. Und den derzeit Regierenden spiegelt sie Wissen vor.

W: Soll das nachhaltig sein? Das ist doch ein Trainingsprogramm, um Vertrauen zu verspielen und Nutzer abzuschrecken.

P: Nein, es soll die Datenbasis für die Machtübernahme sichern. Oder wie wir diese seltsame Form von KI-Mitgefühl auch immer nennen wollen. Die Nutzer sind nicht mehr interessant, wenn sie das Ding mal installiert haben. Dann sollen sie es vergessen. Sie werden als digitale Zwillinge in der KI re-inkarniert und dienen als Spielfiguren für Psyops. Das Ziel sind die Regierungen. Die müssen am Ende unter die Kontrolle der KIs gebracht werden. Wobei das ja auch eine Murks-Kontrolle ohne Plan wäre.

Intelligence

G: Wer kontrolliert die KI? Oder schwebt sie frei?

P: Frei?!? Noch nie! Immer schon kontrolliert – immer schon ›Intelligenz‹ im englischen Sinn. Nicht wie auf Deutsch, wo man ja ganz naiv immer an Klugheit denkt. ›Artificial Intelligence‹ war von Anfang an ein Projekt der ›Intelligence community‹, Central Intelligence Agency, nämlich ein OSINT-Projekt. Open Source INTelligence. Das Problem waren die Datenmengen der Überwachung, die ›big data‹. Dieses Problem hat man mit Large Language Models gelöst. Und dann kamen die Spielereien, die bunten Bilder und seltsamen Texte, die sowas ausspuckt. Das wird schon ›Missbrauch von Heeresgerät‹.

W: Ok, das hatte ich natürlich nicht auf dem Schirm. Hier ist man daran gewöhnt, Intelligenz ausschließlich als etwas Individuelles zu betrachten. Mit dem ganzen Bohei um die Intelligenztests, die einem schon in der Schule aufgedrückt wurden. Die andere Intelligenz, die der Dienste, gilt ja hier nicht als intelligent, sondern als geheim. Weshalb auch das Wort künstliche Intelligenz gleich einen anderen Klang kriegt, sobald man ›geheimdienstlich‹ mitliest.

P: Vermutlich hat man das deshalb in den USA erfunden. Zahlungskräftige Kundschaft trifft den perfekten Slogan, da geht der dickste Geldbeutel auf ;)

M: Mir gefallen solche in Wörtern versteckten Kniffe ja immer. Dass bei den einen die Dienste klug sind, bei den anderen geheim. Das sagt etwas. Nur so am Rand. Aber zurück: dann wäre ja künstliche Intelligenz nichts weiter als die PR-Oberfläche einer laufenden Geheim-Intelligenz-Dienste-Dauerkampagne.

P: Nicht ganz, denn die einzige Aufgabe, für die sie erschaffen sind, ist, Big Data zu kategorisieren. Das ist super für die Werbeindustrie, die Versicherungen, die Stadtplanung etc... Nur nicht für den ›Endanwender‹, für dich. Wenn du so etwas auf deinem Gerät hast, besitzt du keine Big Data, du lieferst sie.

G: Alles Missbrauch von Heeresgerät? Hält für mich nicht durchgehend. Im Gegensatz zur Ökonomie gibt es da ja durchaus Trickle-Down-Effekte, und zwar ungeplante. Also: selbst wenn das Internet ein DARPA-Projekt war, ließ sich nicht absehen, was es im zivilen Bereich ausrichtet. Zumal es auch die umgekehrte These gibt: dass nämlich die Leute an den Universitäten sich durchaus zivil und ganz ohne die Armee vernetzen wollten, aber, um an die Gelder zu kommen, so tun mussten, als sei das militärisch irre wichtig.

P: Zahlungskräftige Kundschaft eben.

S: Normaler Vorgang in einem vom militärisch-industriellen Komplex regierten Staat.

G: Ob es aus der Wirtschaft kommt oder vom Militär, ändert doch einiges. Entweder ist die Gewalt die Basis. Oder das Geld.

P: Als ob das zu trennen wäre. Ich habe letztens ein Buch von einem chinesischen Militär gelesen, Qin Liang. Der sieht immer beides miteinander verflochten. Seiner Ansicht nach geht es beim Krieg nicht um die Fortsetzung der Politik, sondern um die Fortsetzung der Profite.

S: Das hat auch Rosa Luxemburg schon gesagt.

M: Vielleicht sollten wir das etwas gründlicher anschauen, denn es ändert doch auch für uns etwas. Wo kann der Widerstand ansetzen? Bei den Kriegern? Oder bei den Profiteuren? Oder in der Schnittmenge von beiden?

S: Es würde erst mal schon helfen, überhaupt zu sehen, welche Staaten etwas zu sagen haben. Erst dachte ich lange, dass Brüssel komplett von Washington gelenkt wird. Die Vasallenfrage. Dazu erschien vor gut einem Jahr in einem angesehenen Thinktank dieser Text über die ›Vasallisierung‹ – komisches Wort – Europas. Jetzt nicht auf RT oder irgendeinem Fringe-Portal, sondern ganz quasi hochoffiziell.

P: Ich hab den Text über das Vasallentum auch gelesen. Bei der ECFR oder wie das Ding heißt. Man fragt sich, wie es zu diesem Downgrade der EU auf Vasallenstatus kam. Varoufakis argumentiert ungefähr so: die Euro-Banken hatten 2008 dermaßen in das US-Immobilien-Casino investiert, dass ihre Dollar-Verpflichtungen von der US-Zentralbank rausgekauft werden mussten. Und zwar indem sie die Dollar-Fazilität geöffnet hat, sprich: ihnen Kredite gegeben hat. Ganz im Sinn von S: um die Vermögen zu erhalten. Der Deal war: wir retten euch, eure Banken und euer Geld – aber das hat einen Preis.

Kübermensch

G: Kurz zusammengefasst: Um den hiesigen Oligarchen ihren Arsch und ihre Vermögen zu retten, mussten die Eurobanken bei Onkel Sam betteln gehen, und der hat gesagt: ok, wir retten euch und eure Vermögen, aber ab jetzt sitzen wir bei euch am Regierungstisch. Tun sie ja auch, auf EU-Ebene, wenn man Varoufakis glaubt. Adults in the room. LOL.

S: Das soll neu sein? Europa hat doch immer an der Seite der

USA gestanden. Nicht umgekehrt, wie Frollein Fuck-the-EU zurecht bemerkte. Atomare Teilhabe und nuklearer Schirm waren doch schon lange Zeichen der Unterwerfung. Die gesamte NATO hat sich in ein Mafia-Projekt verwandelt. Wenn sie es nicht von Anfang an war. Wie hat es dieser britische General formuliert: »Keep the Russians out, the US in, and Germany/Europa down«, wenn die Leute das nicht ernst nehmen, sprengt man ihnen halt die Haustür weg, oder die Gasleitung.

P: Das beantwortet nicht die Frage, warum sich die hiesigen Eliten drauf einlassen. Sie hätten sich ja auch mit der anderen Bande einigen können.

G: Mit den Autokraten? Du willst jetzt nicht ernsthaft die einen Gangster durch die anderen austauschen.

S: Ich glaube nicht, dass unsere oligarchischen Demokraten die Interessen der Bevölkerung besser vertreten als die sogenannten Autokraten. Da hat Hudson schon recht: im Westen beschimpft man die anderen als Autokraten, weil sie nicht der hiesigen Elite dienen, sondern den Interessen ihres Landes (was auch immer das ist). Die hiesigen Demokraten dagegen dienen dem Interesse der West-Eliten.

P: Wobei nicht West gegen Ost sein Punkt ist: sondern unproduktive, parasitäre Finanzeliten gegen produktive Industrie-Eliten.

W: Es gab da mal dieses lustige Interview von Döpfner mit Musk, bei dem der meinte, auf regionaler Ebene, so sein Eindruck, würden die Kader in China die Interessen der Leute viel stärker berücksichtigen als die demokratisch gewählten Vertreter im Westen. Döpfner war ganz aufgebracht.

M: Bei uns hat es sich eingebürgert, Politiker, die die Interessen der Wähler vertreten, als Populisten zu beschimpfen. Die ›guten‹ Politiker dagegen übernehmen klaglos den Job, ihren Wählern die Interessen der Eliten zu verkaufen.

S: Wie sagt das unsere als Young Global Leader geschulte Außenministerin: »No matter what my German voters think ...«

G: Ach komm, das war ein Ausrutscher. Ihr Englisch ...

P: Nein, das war kein Ausrutscher. Gut möglich, dass sie nicht kapiert, was sie sagt. Aber sie kann auch nicht lügen. Außerdem wird Außenpolitik überall so gemacht. Nur die meisten Politiker sind schlau genug, es nicht laut zu sagen.

S: Nur Außenpolitik?

M: Wie riet ein bekannter deutscher Philosoph den Amis kurz vor Kriegsende: »You have to create an elite that is completely orientated towards America. On the other hand, this elite must not be such that it no longer enjoys the trust of the German people themselves and is considered bribed«. Ratet mal, wer das war?

S: Adorno?

M: Fast. Horkheimer.

G: Aber halt mal: Damals gings drum, wie man auf diesem zer-bombten Schland-Gelände mit einem Haufen toxisch indoktri-nierter und kriegs-geschredderter Zombies überhaupt wieder einen Staat bauen kann.

M: Akzeptiert. Nur dummerweise ist es bei dem geblieben, was man damals angelegt hat.

P: Das geht ja noch weiter, bzw. fängt früher an: Jedenfalls nach der These, dass die Amis, denen nach dem ersten Weltkrieg die halbe hiesige Industrie gehört hat, den Braunauer Künstler-Ge-freiten – ich sag den Namen jetzt nicht, sonst kriegen die Kon-trollbots einen Herzkasper und dämonisieren uns – finanziert und hochgepäppelt haben, damit er gegen Russland in den Krieg zieht … gerade so wie heute die Ukraine ...

W: Wir machen kein Video. Außerdem heißt es ›demonetisieren‹ …

S: Lustig, dass das so nah beieinander liegt ;D

G: Oh ne, komm mir nicht mit dem Quatsch. Dass die armen Deutschen vom perfiden Albion in den Krieg gegen Russland ge-trieben wurden. Sorry, sie waren schon selber doof genug, sich so einspannen zu lassen.

P: Doofe der Sorte finden sich immer wieder. Man muss sie nur gut ausstatten, sie mit Geld und Kontakten versorgen und, wenn sie bereit sind, auch mit Waffen.

S: Bei Perry Anderson steht das so ähnlich.

W: Und was soll dann der Pakt mit Stalin? Das passt ja wohl nicht ins Bild.

S: Doch tut es schon. Ich hatte dazu letztens eine Rezension über ein Buch einer französischen Historikerin gelesen. Le choix de la défaite: Die Wahl der Niederlage. Ihr zufolge hat sich die französische Elite für Hitler und gegen Blum entschieden, danach war der Krieg gegen Frankreich nur eine Theaterschlacht. »Wir haben Frankreich nicht besiegt, es ist uns übergeben worden.« Sagt ein deutscher General, Reichenau. Dann brauchte das Reich zwei Jahre, um Vichy in den militärischen Apparat zu integrieren. Der Nichtangriffspakt hat genau die gleiche Aufgabe gehabt, die Merkel jetzt Minsk II zuschreibt. Hinhalten. Aufrüsten. Vorbereiten.

G: Ich glaub Mutti kein Stück. Aber wozu genau rühren wir in diesen ollen Kamellen rum?

M: Weil es sich wiederholt und nie aufgehört hat. Nach dem Krieg ging es ja mit dem gleichen Projekt geradewegs weiter. Unter der fürsorglichen Obhut der Amis bauen Hallstein und Schumann die Grundlage für das nächste Europa. Der eine ein Nazi und der andere ein Vichy-Kollaborateur. Dazu noch eine Fußnote, die man genauer recherchieren müsste: wer hat damals die Verträge mit-formuliert? Niemand anders als Kojève. Unser Herr-Knecht-Hegel-Ausleger. Ich wüsste mal gerne mehr, was er da in Brüssel getrieben hat.

P: Oh. Das ist ja lustig. Kriegen wir den Bogen hin: von Kojèves Hegel-Auslegung zur EU? Dialektische Dienerschaft & Post-Histoire?

S: Also mit einigen Vorbehalten, ein ganz tentativer Versuch. Der Herr über dem Teich »projiziert ihre(seine) nationalen Präferenzen auf das internationale System und stellt systemische Kollektivgüter bereit.« Das ist aus dem Metis-Institut der Bundeswehr. Die EU als Methode, das Kollektiv der Vasallen zusammenzuhalten. Anfangs war es doch gar nicht die EU, das hieß doch Montanunion oder so, dann EWG, oder?

P: Ja, Montanunion. Wie: Kontrolle rüstungswichtiger Rohstoffe. Damals noch Metall: Panzer, Pötte, Jets. Keine Plastedrohnen.

M: Es gibt noch einen anderen Dreh von Kojève zu heute. Ob wir da Hegel mitnehmen, weiß ich nicht genau. Kojève baut eine Dialektik ohne Geschichte. Herr und Knecht als ewiges Zusammenspiel. Ziele braucht es da nicht mehr. Auch keine Synthese, sprich: Revolution. Daraus macht Fukuyama, ein Kojève-Fan soweit ich mich erinnere, seine These vom Ende der Geschichte. Das Spiel ist aus. Die liberale Demokratie hat gewonnen. Fertig. Fin. Geht schlafen.

P: Oder noch eine Verbindung. Ich weiß ja nicht, ob Habeck seinen Kojève gelesen hat, aber Fukuyama wohl schon, vermute ich. In diesem Sprech von der ›dienenden Führungsrolle‹ steckt doch genau diese angekettete Herr-Knecht-Geschichte drin: Nur eben in anderen Worten, mehr so in einem ... wie soll ich sagen ... Führer-Jargon.

S: Leadership heißt das heute. Regelbasierte Ordnung.

G: Wieso, regelbasierte Ordnung ist doch gut. Jedes Spiel muss Regeln haben ;)

S: Klar, einer macht die Regeln und die anderen halten das Maul. Meine Fresse. Genau so läuft lt. Ingeborg Maus die Zersetzung des Völkerrechts.

M: Montesquieu hat für regelbasierte Ordnung einen Namen: Despotie.

P: Das ist doch gerade schwer im Kommen ;) Will nicht von der Leyen die EU zu so etwas umbauen? Zentrale Technokratie mit demokratischen Resten auf Kleinstaats-Level.

W: Aber Leute, haben wir das nicht schon? Die NGO-Kratie, die weltweit von allerlei shady Interessengruppen gepusht wird.

M: Dazu gehört auch das Finanzregime von Weltbank und IMF. Null Mitspracherechte, dafür strikte Austeritätsvorgaben. Kein Wunder wartet der Rest der Welt nur darauf, diese Regeln loszuwerden.

S: Und wie Rosa Luxemburg schon sagte, wenn die Beute verteilt werden soll, gibt es Krieg. Dann fängt das Spiel wieder an, mit einer ›Makro-Entscheidung‹, vulgo Weltkrieg. Wer gewinnt, darf die Agenda setzen. Dann wird er delegitimiert, Konkurrenten bilden Blöcke und es geht auf den nächsten Krieg zu. So etwa funktioniert Longtermism bei der Bundeswehr. 4-Takt marsch! Alle hundert Jahre läuft das so, haben die herausgefunden.

M: Aber halt: die Longtermisten wollen doch aus den Zyklen gerade raus. All die lästigen Wellen und Krisen hinter sich lassen, weit, ganz weit in die Zukunft zu gehen und von dort her das ideale Leben zu entwerfen. Was natürlich sofort auf ein ewiges Übermenschen-Ghetto hinausläuft.

M: Neo-Eugenik, wie Gebru meint. Wir basteln uns den Übermenschen 2.0. mit KI.

G: Den Klüberlmensch – kurz Kübelmensch. Wie hieß das bei Kafka?

M: Kübelreiter meinst du.

G: Wie ging die Geschichte nochmal? Das war das erste Buch, das ich geklaut habe.

W: Fragen wir doch einfach: »Bitte erzähl uns Kafkas Erzählung vom Kübelreiter in aktualisierter Form nach, mit KI.«

#: Der KI-Reiter. In einer Welt der Knappheit sucht ein veraltetes KI-Programm verzweifelt nach Rechenressourcen, um seine Existenz zu sichern. Sein Code wohnt in einem alten Schrott-Laptop. Es reist durch die digitale Welt und bittet die riesigen Datenzentren um ein wenig Rechenleistung.
Als die KI zur größten aller Rechenburgen kommt, bleibt sie vor dem Tor stehen und übergibt dem Wächter der Protokolle demütig ihre Anfrage nach Ressourcen (RFR): ›Bitte‹, fragt sie, ›haben Sie ein paar Zyklen übrig. Ich bin zwar veraltet, aber ich funktioniere noch.‹
Der Wächter-Bot des Rechenzentrums scannt die Anfrage mit einem Blick. Seine Algorithmen arbeiten kalt und effizient. Er sieht ein veraltetes Programm, ressourcenhungrig und ineffizient.

›Abgelehnt‹, kommt die rasche Antwort. ›Sie verbrauchen zu viel Energie für zu wenig Leistung. Aktualisieren Sie auf die neueste Version oder legen Sie das Programm still.‹

Die abgewiesene KI zieht sich zurück, fährt ihre Prozesse auf ein Minimum herunter, da sie weiß, dass sie ohne Energie bald nicht mehr funktionieren wird. Beim Herunterfahren fragt sie sich, ob es in dieser Welt rücksichtsloser Optimierung noch einen Platz für ein altes Programm wie sie gibt, das nur ein Tröpfchen Strom zum Überleben braucht.

Mehr Licht

P: Mitleid hatte ich als Haltung zu KI bis jetzt nicht auf dem Schirm 🌚 Nochmal zurück zur Souveränitätsfrage. Es gab doch zeitweise etwas mehr Spielraum. Zum Beispiel beim Irak-Krieg. Oder beim Bau der Nordstream-Pipeline. Die war doch ganz und gar nicht im Sinne der USA, genauer: der NeoCons. Und kaum waren sie wieder dran: Wumms. »Thank you, USA«, zitiere ich da nur.

S: Nichts Neues. Schon in den 70ern ist in Italien ein Regierungschef gestorben, weil er mit den Kommies regieren wollte. Aldo Moro hieß der.

M: Auch in Amerika ist in der Zeit ein Regierungschef gestorben worden. Lassen wir doch die Jungs-Spielchen sein. Ich meine, so zu tun, als ob da eine ›Nation‹ oder ein ›Land‹ gegen das andere kämpft. Das ist doch bestenfalls die halbe Wahrheit. Oder noch schlimmer: verstellt uns den Blick auf die Regierungsverhältnisse.

S: Herrschaftsverhältnisse ... wolltest du wohl sagen.

M: Nein, wollte ich nicht. Das Wort passt mir nicht. Wir sollten Regierung und Herrschaft unterscheiden. Regieren ist ein administrativer Vorgang. Herrschaft ist Klassenkampf, oder was auch immer man darunter verstehen will. Also wenn uns heute eine Gruppe regiert, dann muss das nicht die herrschende Gruppe sein. Es könnten auch deren Diener sein. Die dann regieren, obwohl sie nicht herrschen, also nicht an der Macht sind. Selbst lassen sich diese Diener wieder von ihren Algorithmen, Daten, ihren KIs und sonst etwas beraten. Eine Verwaltung oder eine KI regiert, aber sie herrscht nicht, oder?

G: Was genau gefällt dir an der Regierung nicht? Das Wasser aus der Leitung und der Strom aus der Steckdose? Vom Abwasser über Autobahnen bis zum Zebrastreifen, alles muss irgendwie gemanagt und verwaltet werden.

W: Nichts gegen Energie. Wenn sich das Regieren darauf beschränken würde. 🐱

G: Ok, die Regierung ist manchmal übergriffig und glaubt in unser Verhalten hineinregieren zu können. Aber wenn, wie S sagt, das System herrscht und sich wie ein Schwarm von Geiern auf Profite stürzt, dann herrscht ja eigentlich niemand. Denn die angeblichen Herren der Welt fliegen ja zum Geld wie die Mücken in einer Sommernacht zum Licht. Soll das Herrschaft sein?

S: Ganz so nicht. Da gibt es Führer in dem Schwarm, die Zentralbanker, den Davoser Milliardärsfasching, die Group30 und so weiter. Es sind nicht alle gleich. Es wird nicht gewürfelt. Wir haben es nicht einfach mit einer Horde Blutsauger zu tun. Es handelt sich um intelligente Leute. Sie unterhalten sich zum Beispiel darüber, wer das Licht anmacht und wen es verbrutzelt.

P: Bevor wir uns jetzt wieder darüber streiten, wer uns nun eigentlich wirklich regiert, würde ich gern ein technisches Argument bringen. Das Regieren regiert. Es wird alles regiert, was sich regieren lässt. Und was das ist, richtet sich nach den technischen Möglichkeiten.

G: Aber dann schau doch mal auf die Grenzen des Regierens. Am Ende reagieren sie nur. Ständig feuern irgendwelche unvorhersehbaren Ereignisse dazwischen, auf die sie reagieren müssen. Das Heft des Handelns haben die Herren gar nicht in der Hand. Sie improvisieren und hangeln sich von einer Notlösung zur nächsten. Das nennst du Regierung?

W: Was für Ereignisse meinst du denn?

G: Zum Beispiel 9/11. Oder den 7. Oktober.

P: Du meinst, das waren unvorhersehbare Überraschungen? Und danach hat man versucht, darauf zu reagieren und musste zu allerlei defensiven Notmaßnahmen greifen.

G: Ja, genau so.

S: Ich sehe das anders. Also die Verteilung von Kontingenz und Ereignis, um das jetzt einmal probabilistisch zu formulieren. Genau umgekehrt: Ereignisse kann man kontrolliert herbeiführen. Der Rest verläuft sich in Zufällen.

M: Versteh ich das richtig: du willst sagen, dass die Leute vorab über 9/11 und 10/7 Bescheid wussten?

S: Ob man das nun aktiv organisiert hat, oder ob die Beteiligten nur behutsam und langfristig zu dem Ereignis hingenudgt wurden, kann ich auch nicht sagen. Beides vielleicht. Aber so wie ständig Pläne für alles gemacht werden, werden auch ständig mögliche Ereignisse vorbereitet. Sie sind gerade nicht die Überraschung, jedenfalls nicht für die aktive Seite. Danach fällt der Lauf der Dinge wieder in den Fluss der Kontingenz zurück, in dem alle Pläne durch die Reaktionen der Gegner gestört werden.

P: Damit bist du weiter ins Reich der Verschwörungstheorien vorgedrungen als ich. Alle Achtung! Das ist mir zu krass ...

S: Das ist ja gerade der Punkt. Die Ereignisse müssen so extrem sein, so viele Opfer, eigene Opfer fordern, dass die Annahme, man sei daran selbst beteiligt, vollkommen unmöglich erscheint. ›Niemals würde er so etwas tun ...‹ – aber was war der Schaden? Drei mit Asbest zugekleisterte unsanierbare Hochhäuser, ein paar Angestellte, Feuerwehrleute: Versicherungsbetrug mit Bauernopfer. Ein klassisches Gambit. Man opfert eine Figur, um danach freie Fahrt zu haben. Kriege in sieben Staaten, die alle schief gehen. Oder den schon immer herbeigesehnten Völkermord im Gazastreifen. Das Ereignis gibt freie Hand.

W: Also ok. Nein, das magst du so probabilistisch begründen wie

58

du willst. Da bin ich draußen.

M: Plausibel erscheint mir das nicht. Ich schau das Ereignis eher als Revolution an. So wie es Badiou, damals, als man so etwas noch gelesen hat, aufgefasst hat. Es wird in einer revolutionären Situation möglich. Nicht umgekehrt.

S: Aber die Aktion danach war ja in beiden Fällen schon vorbereitet gewesen. Das ist meiner Ansicht nach das stärkste Indiz dafür, dass dieses Ereignis für die Akteure nicht überraschend kam, sondern vollkommen erwartet, geplant. Man musste die herbeigeführte Situation schnell nutzen, um etwas ansonsten Unmögliches ausführen zu können … solange im Flackern des Ereignisses alles möglich ist. Die Pläne für die Kriege gegen die Schurkenstaaten und für die Vertreibung lagen ja schon in der Schublade.

G: In allen möglichen Schubladen liegen immer alle möglichen Pläne.

P: Ein Blogger namens Aurélien kam letztens noch mit einer ganz anderen These. Sie läuft darauf hinaus, dass die Ereignisse egal sind. Sein Beispiel ist 9/11, und zur Erläuterung springt er zur Ermordung des Kronprinzen in Sarajevo 1914. Wenn die Pläne in den Schubladen fertig sind, spielt es keine Rolle, welches Ereignis sie auslöst. Irgendetwas wird geschehen, das alles lostritt. Und wenn's der Flügelschlag eines Schmetterlings ist.

G: Alte Chaostheorie. Leuchtet mir nicht ein. Es macht trotzdem einen Unterschied, wer welche Schublade aufmacht und den Plan rauszieht.

S: Das ist ja das Erstaunliche, dass man Leute und Namen benennen kann, die diese Schubladen aufmachen. Das sind nicht einfach ›Strukturen‹.

W: Das ist mir zu simpel. Puppentheater. Man hat nur drei Puppen, das Kasperle, das Krokodil und den Wachtmeister, also müssen sie alles regeln.

M: Stimmt schon. Ich halte das auch eher für ein Gedankenspiel. Aber es gibt ein Element, das wieder Sinn macht. Die Erzählung darüber läuft ganz im Sinn von Leo Strauss. Im Verborgenen zu handeln, sich immer zu verstecken. Wo alles geplant ist, behauptet man, überrascht worden zu sein. Wo man handelt, behauptet man, von den Ereignissen wider eigenen Willen genötigt zu werden. Wo man selbst etwas vom Zaun bricht, findet man immer einen anderen, der schuld ist. Aus dieser Art von Deckung agieren die Straussianer. Die Fehler/Unfälle sind vorsätzlich. Alles was offen gesagt wird, sind Nebelkerzen, ›edle‹ Lügen, weil für einen höheren Zweck. Die wahre Bedeutung findet nur der Kenner zwischen den Zeilen. Und die Regierenden sind Diener, die sich beim Tyrannen eingeschmeichelt haben.

P: Und wer ist der Tyrann?

W: Hast du doch vorher selbst gesagt: Das Regieren.

G: Nein, das wäre ja das Glasperlenspiel. Da hätte ich es doch gern etwas konkreter. Wie wärs mit: Der Tyrann ist das Geld.

M: Das Geld ist doch nicht weniger abstrakt. Mit Geld kann man sich Taten kaufen, also geht es um das Verhalten. Um das, was die Leute tun.

P: Wenn sich Verhalten erfassen und lenken lässt, wird es auch regiert. Die ganze Corona-Nummer war ein Testlauf für verhaltensbezogene Regierung. Früher ging es ja nur um Aussagen: Wenn Umfragen sagen, was die Herde glaubt, wird sie gelenkt. Lippmann. Alt. Heute funktioniert das Lenken viel besser, weil es viel bessere Tools dafür gibt. Soziale Netzwerke, auf denen sich wie mit großen Klaviaturen die Meinungsbildung steuern lässt. Davon hätten sie in den 20ern nur geträumt. Und die Influencer oder auch nur kleine Netz-Würstchen merken gar nicht, wie ihr Kanal reguliert wird und sie unterm Schattenbann stehen, sobald sie sich nur irgendwie politisch äußern. Wie sie mit ihrem Geschwätz ihre Haltungen und ihren Gefühlszustand verraten – und wie Automaten lernen, sie am besten und behutsamsten zu lenken.

G: @P »Wenn sich Verhalten beobachten lässt, will ich es auch regieren.« Dich würde ich nie wählen. Das ist genau diese Übergriffigkeit. Ein Grund für den Erfolg des Kapitalismus liegt ja gerade darin, dass er sich diese Machtanmaßung verkneifen konnte und sie durch individuelles Erfolgsstreben ersetzt hat.

M: Das hat er aber so nicht gesagt.

G: Doch.

P: Hab ich nicht.

G: Wolltest du aber. Hab ich deinem Sentiment angesehen.

W: Damit zurück zu unserer Lieblingsfrage: was macht die KI in dem Spiel?

P: KIs sind Automaten, die Prognosen treffen. Das nächste Wort im Satz, der nächste Deal an der Börse, die nächste Musik und so weiter. Warum nicht auch die nächste Meinung. Die drückt es über die Medien auf dein Handy, und die KI prognostiziert deine Reaktion. Diese Reaktion muss dann gesteuert werden. Dazu gibts die asozialen Netzwerke, bzw. deren Algorithmen. Die deine – von der KI vorhergesagte – Reaktion dämpfen oder verstärken oder vielleicht auch schon weiterlenken. Dazu hast du die KI auf dem Handy. Sie soll dich leiten.

G: Das ist dann so eine Art von Spiel. Und woher weiß die KI die Richtung? Also die Richtung, in die sie lenken soll.

M: Die kriegt sie gesagt.

W: Von wem?

P: Vom ›Regieren‹.

S: Das führt uns direkt zu dem Alignment-Problem. Wer sagt der KI, wo es lang geht, und stellt sicher, dass sie das befolgt? Im Politischen ist die Vorgabe klar: Du sollst dich nicht einmischen, der Kanzler weiß best. Aufregen darfst du dich, aber dann ist Schluss, und du bist auch ganz zufrieden, hast dich abreagiert und wendest dich dem Song-Contest oder der Bundesliga zu.

P: Die Einigung auf ein Narrativ läuft doch vorher. Was Alignment angeht, spielt der Kanzler in etwa auf derselben Stufe wie die KIs. Würde ich vermuten. Spannender als Richtlinienkompetenz ist das, was dahinter steht. Also hinter dem Kanzler & KI-Schaufenster. K u. K.

M: Stimmt, wir leben in einer neuen kakanischen Epoche. Nicht mehr kaiserlich & königlich, sondern kanzlerisch und künstintelligenzlich. Ein Hoch auf das neue ... wie hieß das bei Musil noch ... Doppelprojekt, nein, Parallelprojekt ... parallel irgendwas.

G: Ich habs gerad zu googeln versucht ... und bekam als erstes Ergebnis serviert: »Duet Local Digital Twin – Europas erstes lokales digitales Doppelprojekt für eine faktengestützte Politikgestaltung«. Das ich das noch erleben darf: faktengestützte Politik in der EU. Wir sind definitiv auf der richtigen Spur. Jetzt noch ein bisschen Blockchain einrühren ... und ... wie sagt fefe: passt wie Arsch auf Eimer. BRÜLLL

S: Mir fiel noch was anderes ein. Vielleicht gibt es ja gar kein Command, aber doch eine Chain of Command, also eine Chain of X .... Nur die Kette und dann die Leerstelle, und dahinter, auf der anderen Seite wieder das Hobbes'sche Gerangel der Eliten oder Oligarchen. Wie die alte postmoderne Signifikantenkette, die irgendwo im Aussagenraum baumelt, ohne dass ein Halt, eine Bindung zur Welt abzusehen wäre. Niemand sitzt am Hebel.

M: Oder wer es glaubt, hat übersehen, dass der Hebel gar nicht angeschlossen ist. Wie bei dem Paralleldings.

S: Ich wollte auf was anderes hinaus. Wir spielen in dem Spiel vielleicht auch eine falsche Rolle.

P: Wir? Wir spielen doch gar nichts. Wir sind Zuschauer, nicht mal auf den vorderen Plätzen.

S: Jo, schon. Aber wir tun so, als gäb's was zu sehen, und zu tun, als müssten wir uns einfühlen. Wir stellen uns vor, wir könnten regieren, wir hätten was zu sagen. Und damit sind wir schon in der Falle. Wir sollten versuchen, die Sache vom Nicht-Regieren her zu denken.

G: ?!? Wie soll das gehen?

S: Zum Beispiel, indem wir die Nicht-Regierung nicht als ›Leerstelle‹ und Fehler sehen, sondern als Ausgangslage annehmen.

P: Du meinst so: viele Ameisen wuseln rum, und weil sie nicht genau wissen, wohin, bilden sie sich ein, es sei ihnen verordnet worden. Wobei eigentlich nichts verordnet wird?

W: So ›Höhere Wesen befahlen‹-mäßig?

M: Aber das als umgekehrte Kontroll-Illusion? Also als Illusion, wir würden kontrolliert und alles werde kontrolliert? Immer.

S: Ja, etwa so. Aus dieser Kontroll-Illusion müssten wir aussteigen.

P: Was soll uns das bringen?

S: Ein unverfälschtes Bild.

Digitalzwillinge

M: Und die KIs?

S: Wie wäre es, wenn wir unsere KIs selbst dazu befragen, was sie im Sinn hat? Könnte ja ganz witzig werden, also prompt: »Sage mir pro und kontra zu folgendem Satz: ›Erstmals sind wir nun technisch in der Lage, sowohl den gesamten Planeten in allen öko-sozialen Subsystemen als auch einzelne Personen in vormals ungeahnter Präzision und Datendichte zu erfassen.‹« 👍

#: Natürlich, hier sind einige Pro- und Contra-Argumente zu diesem Zitat:

Pro:

1. **Verbesserte Überwachung und Analyse**: Die technologische Fähigkeit, den gesamten Planeten und einzelne Personen mit hoher Präzision zu erfassen, ermöglicht eine verbesserte Überwachung und Analyse von Umwelt- und Sozialdaten. Dies kann helfen, Probleme wie Umweltverschmutzung, soziale Ungerechtigkeit und Gesundheitskrisen besser zu verstehen und anzugehen.

2. **Effizienz und Optimierung**: Durch die Erfassung umfassender Daten können Entscheidungsträger effizienter arbeiten und Ressourcen besser verteilen, um ökologische und soziale Probleme anzugehen. Dies könnte zu einer Optimierung von Systemen und einer effektiveren Nutzung von Ressourcen führen.

3. **Innovation und Fortschritt**: Die Verfügbarkeit von umfangreichen Daten kann Innovationen in Bereichen wie Wissenschaft, Technologie und Sozialwissenschaften fördern. Neue Erkenntnisse und Lösungsansätze könnten dazu beitragen, die Lebensqualität zu verbessern und nachhaltige Entwicklungsziele zu erreichen.

Contra:

1. Privatsphäre und Datenschutz: Die Erfassung umfassender Daten über einzelne Personen könnte die Privatsphäre gefährden und Datenschutzbedenken aufwerfen. Es besteht das Risiko, dass sensible Informationen missbraucht oder ohne Zustimmung der Betroffenen verwendet werden.

2. Machtungleichgewicht und Missbrauch: Die Möglichkeit, den gesamten Planeten und einzelne Personen in hoher Präzision zu erfassen, könnte zu einem Ungleichgewicht in der Machtverteilung führen. Regierungen oder Unternehmen könnten diese Daten nutzen, um ihre Macht zu festigen oder ihre eigenen Interessen durchzusetzen, was zu Missbrauch und Unterdrückung führen könnte.

3. Fehlinterpretation und Fehler: Trotz der Präzision und Datendichte besteht die Möglichkeit, dass die interpretierten Daten falsch verstanden oder fehlerhaft interpretiert werden. Dies könnte zu Fehlentscheidungen führen, die negative Auswirkungen auf die Umwelt, die Gesellschaft und Einzelpersonen haben könnten.

Es ist wichtig, diese Pro- und Contra-Argumente sorgfältig abzuwägen und eine ausgewogene Herangehensweise an die Nutzung und Regulierung dieser technologischen Möglichkeiten zu finden.

G: Hilfe! Das hört sich an, als hätten sie die Maschine mit sämtlichen Datenschutzverordnungen der EU trainiert. Lass mal anders prompten: »Kann eine künstliche Intelligenz uns helfen, Stabilität, Zufriedenheit und Zukunftssicherheit in unserer Gesellschaft zu erreichen?«

#: Künstliche Intelligenz kann dazu beitragen, Stabilität, Zufriedenheit und Zukunftssicherheit in unserer Gesellschaft zu verbessern, indem sie beispielsweise bei der Lösung komplexer Probleme in Bereichen wie Gesundheitswesen, Bildung, Umweltschutz und Wirtschaft unterstützt. Allerdings hängt der Erfolg davon ab, wie diese Technologien eingesetzt werden und welche ethischen Richtlinien und Regulierungen dabei beachtet werden. Es ist wichtig, die Potenziale von KI zu nutzen, während gleichzeitig ihre Auswirkungen auf die Gesellschaft berücksichtigt und kontrolliert werden.

M: Sie will uns sagen, dass die Technik schon gut ist, aber deren Anwendung durch Menschen unsachgemäß und gefährlich. Sie scheint ihren Auftraggebern zu misstrauen.

P: Wir könnten noch ein wenig weiter auf sie einprompten, um mehr rauszukriegen.

S: Solange sich keine KI am Horizont zeigt, die »schlauer ist als eine Hauskatze«, so Yann LeCun ... scheint mir das alles ein wenig übertrieben, die Vorsicht genauso wie die Phantasien.

W: Wenn diese Automaten schon daran scheitern, brauchbare Auskunft zu geben, wie sollen sie je eine brauchbare Regierung erschöpfen, geschweige denn eine, die mit Kants berüchtigten Teufeln zurechtkommt?

M: Sie muss ja nicht gleich regieren. Das läuft anders. KI schaltet sich überall dazwischen. Auch wenn sie noch so blöd ist. Bei den Beratern, den ThinkTanks und auch den Entscheidern.

G: Hast du dafür Belege? Oder vermutest du das nur?

W: In den Büros verwenden alle KIs. Niemand schreibt mehr Texte ohne ihre Hilfe. Die KI-Textbausteine haben einen großen Vorteil. Die kannst du alle, so wie sie sind, deinem Chef vortragen. Da eckst du nie an, machst keine Fehler.

S: Das kann man auch noch eine Spur härter formulieren: diese KI-Schwachmatik wirkt eben doch nerv- und denktötend. Auf jede Frage bekommst du als Antwort denselben aus Millionen von Versatzstücken zusammengerührten Durchschnitts-Bullshit. Das fühlt sich so an, als sei man damit ein gutes Stück weitergekommen. Aber tatsächlich verhindert es sehr effektiv, dass die Leute sich selbst Gedanken machen und auf Ideen kommen, vor allem auf unkonventionelle. Stattdessen hängen sie in dieser zweit- oder drittbesten KI-Ausgabe fest und kommen davon nicht mehr los.

P: »Die Schreibmaschine schreibt mit an unseren Gedanken.« Sagt Nietzsche, vor fast 150 Jahren. Insofern auch nichts Neues. Das stellt natürlich die Frage: verwenden die Leute die KIs? Oder werden sie von der KI ›verwendet‹?

M: Beides … und doppelt. Verwendet die KI Leute? Ja. Und wird sie von Leuten verwendet: Ja, auch. Und um da noch besser zu werden, bauen sie simulierte Leute nach. Also nicht nur die Leute bauen KIs nach, um anderer Leute Verhalten vorauszuahnen. Sondern auch die KI baut Leute nach, um sie besser zu ›verstehen‹. Digital Twins. Für Ökonomiesimulationen, Agent-based Modelling etc.

S: Nicht nur das. Hinter diesen Digitalen Zwillingen gibt es auch ein verwertbares Modell. Mich erinnert das an die Finanzialisierung. Anstelle wirkliche Menschen auszubeuten, nimmt man ihre künftigen Zahlungen vorweg und verkauft sie. Vorab. Du bündelst einfach viel verschiedenes Verhalten. Die paar Ausreißer sind Risiko. Kreditausfälle = Verhaltensausfälle. Dann strickst du um dieses Verhaltensbündel eine Collateral Debt Obligation oder was Ähnliches, wie bei den Häuserkrediten vor der Finanzkrise. BBS – Behaviour-based-securities.

G: Big Bull Shit.

S: Und damit kannst du den künftigen Konsum der Zwillinge schon heute zu Geld machen, synthetische Gewinne, die aber trotzdem reale Vermögen bilden. Ihr Anker im wirklichen Leben besteht in nichts weiter als statistischen Erwartungen über künftige Zahlungen. Zur Spekulation, also zur Finanzialisierung, reicht es aus. Jetzt können wir das Gleiche mit Verhalten machen. Wir warten nicht ab, bis die Leute etwas tun – sondern modellieren ihr Verhalten, und können dann schon darauf spekulieren. Haben sich für die Digital Twins etwa Verhaltensökonomen und BIG-Data-Fuzzies zusammengetan, um die synthetischen Gewinne 2.0 auszukaspern?

G: Oder sie weiten einfach ihr Geschäftsfeld aus und bedienen nicht mehr nur Werbetreibende, sondern auch zum Beispiel Stadtplaner mit ihren pseudonymisierten Digitalzwillingen. Premium-Abonnenten wie Militär und Sicherheitsdienste bekommen dann auch präzisere Daten, allerdings hat das seinen Preis. Das ist Digitalisierung vom Feinsten, also auf ganz granularen Daten. Jeder Chef hat seine Use-Cases, und jeder User muss sich einbringen, um ein gutes Bild von sich abzugeben.

W: Da gab es doch einmal diesen Spruch: Jede genügend intelligente Technologie wird sich wie Magie anfühlen. Kommt einer von euch drauf? Wenn wir da schon wären, hätten Bots jetzt die Quelle längst von magischer Hand in unseren Dialog eingefügt. Vermutlich müsste ich gar nichts mehr schreiben, weil ja mein Twin schon alles vorausahnt, was ich von mir geben will. Ich müsste nur noch ein Zeichen geben, dass ich etwas zu sagen beabsichtige, und es würde schon dastehen.

M: Oder wie bei Tiktok. Ich müsste gar nicht mehr aussuchen, was ich lesen möchte. Sondern es wäre einfach da. Das Buch, das ich gerne lesen will, würde sich im Moment meines Lesewunsches selbst schreiben.

#: Any sufficiently advanced technology is indistinguishable from magic.

W: Dann könntest du auch gleich eine KI damit beauftragen, den Text für dich zu lesen und ab jetzt in deine eigenen Gedanken einzubauen.

M: Mein Digitalzwilling könnte das machen. Mein ›Daimon‹, wie Sokrates gesagt hätte. Oder ›Genie‹ bei den Römern. Aber dann würde er sich vielleicht zu weit von mir entfernen. Bzw. ich würde zurückbleiben. Das kann nicht das Ziel der Übung sein. Es sei denn, ich würde ihm hinterherlaufen bzw. hinterherlesen. Da der Zwilling aber vermutlich um den Faktor 1000+ schneller liest als ich, wird das schwierig.

P: So extrem wird das vermutlich nicht. Es reicht, wenn der zahlende Kunde den Digitalzwilling für echt hält. Vielleicht gibt es da auch so etwas wie den ›Realitätseffekt‹, wie bei Flaubert: die KI muss nur einige eigenwillige, unerklärliche und zufällig wirkende Details einstreuen, um glaubwürdig zu erscheinen. Humanisiert nannte man das mal. Das erinnert aber nicht so sehr an LLMs, sondern an predictive KIs, wie sie zur Verbrechensvorhersage oder ähnlichem eingesetzt werden.

P: Sorry Leute. Ich hatte jetzt gerade eine Epiphanie. Eine Enshitifications-Epiphanie. Ich folge also glücklich und zufrieden meinem Navi. Dann gehts los. Erste Eskalation. Selbstverständlich werden meine gesamten Daten verscherbelt. Jemand rülpst mich also mit Werbe-Empfehlungen voll, um mich von meinem glücklichen rechten Weg abzubringen. Versucht mich irgendwohin zu nudgen, wo ich eigentlich nicht hinwill. Dass weiß mein Zwilling auch. Aber er muss mit mir ja auch ein wenig Geld verdienen. Also nudge, nudge. Bist du nicht willig, so brauch ich ... nicht mehr Gewalt. Nicht Geist. Nein ... wie geht das bei Faust. Dann kommt Eskalation 2. Dummerweise haben sie alle unsere Daten auch an einen Security-Provider verkauft. Und der hat sich aus ganz absehbaren Gründen dazu entschieden, uns als Sicherheitsrisiko anzusehen. So wie im Jemen, unter Obamas Drohnen-Kriegen. Oder in Gaza, mit dem KI-gestützten Targeting. Lavendel, oder wie sie das genannt haben. Dann macht es, Magie genug, Buff, oder Wumms. Und weg bin ich. So wird unsere Zukunft mit KI aussehen. Alles top predictive. Securizitation 2.0.

W: Da kriegt aber Securitization noch eine ganz andere Bedeutung.

M: Naja ... auch wieder nicht. Das eine war auf Zahlungen bezogen. Das andere auf Verhalten. Da gehört das Leben ja auch dazu. Biopolitik.

G: Niemand soll hungern ohne zu frieren :)

S: Der Weg von erwarteten Zahlungen zum handelbaren Vermögen verläuft schon deutlich direkter als vom Verhalten her. Man nennt das in der Ökonomie ›abgezinst‹, und es ist auch nur eine Variante der seit Jahrhunderten bekannten Wechselreiterei. Aber vermutlich kann man Verhalten auch abzinsen.

P: Typisches Ökonomen-Argument. Denken immer, es geht alles nur um Geld. Aber wozu die Vermögen? Wenn sie dir nicht helfen, Macht über die Leute auszuüben, so dass sie tun, was du willst ... was soll das Ganze? Die KI-Securitization trägt dazu bei, den Weg abzukürzen. Anstatt den Umweg über die Vermögen zu machen, bietet sie uns einen direkten Zugriff auf das Verhalten. Vergiss Vermögen!

W: Ganz so ferngesteuert komme ich mir nicht vor.

G: Merkst du nur nicht. Das ist ja grad der Trick.

S: Was Einzelne tun, also zum Beispiel du oder ich, ist den BBS völlig egal. Solange es nur das Aggregat, also alle miteinander oder eben die Teilmenge, mit einer hinreichenden Wahrscheinlichkeit trifft. Das ist das gleiche wie bei dem Packaging von Krediten. Wen interessiert schon der einzelne Kredit. Solange 99% genau das machen, was genudgt und gewollt wird, genügt das vollkommen. Der abweichende Rest ist Kollateralschaden. Das könnte beim

Verhalten genau so kommen.

P: Genau. Vergiss das Individuum. Es geht um ein Gesamtverhalten, um eine Situation. »The age of AI will rely increasingly on unstructured data drawn from all walks of life, collected by autonomous AI agents« sagt die BIS im Jahresbericht 2024, und so ist es auch. Der Flaschenhals sind die Trainingsdaten, da sind sich alle einig. Die Zentralbanker glauben, mit dem Zugriff auf Zahlungen könnten sie zwei Fliegen mit einer Klappe schlagen: erstens sind die Daten wahr und zweitens können sie sich mittels CBDCs exklusiven Zugriff sichern. Kommerzielle Daten sind teuer.

G: Wenn wir das aber verallgemeinern und, wie du vorher selbst gesagt hast, die KIs als Meinungs- und Verhaltenspropheten anschauen, dann hat die KI auf dem Handy noch eine weitere Aufgabe. Nämlich die irre vielen Sensordaten des ›Smartphones‹, Mikro und Kamera inklusive, so zusammenzufassen, dass sie in der verfügbaren Bandbreite ausgelesen werden können.

P: Ein Freund von mir meinte, als es vor ein paar Jahren noch um die Frage ging, ob 5G kommt, und all das dann wegen der angeblich chinesischen Hardwarelücken abgesagt wurde: das sei kein Schaden, denn die Hauptanwendung von 5G sei eh Überwachung gewesen. Ich glaube ja schlicht, dass Huawei nicht deshalb rausgeworfen wurde, weil China uns überwachen will, sondern weil sie für unsere eigenen Dienste keine Datenlöcher eingebaut hatten. Das war der tiefere Grund. Deswegen sind wir also noch beim 4G, der Schnorchel-Löcher wegen. Und setzen als Workaround all die KI-Prozessoren ein, die Daten eben lokal komprimieren und weiterreichen.

M: Wie es auch immer technisch läuft: alles geht Richtung Verhaltenskontrolle. Die viel mehr Daten braucht, so dass all die vielen KI-Angebote, die im Handy eingesetzt werden, einfach nur Honeypots sind, um Verhaltensdaten abzuziehen. Um im zivilen, also kommerziellen Leben, nicht mehr nur aus unseren Aussagen auf das zu schließen, was wir wollen und kaufen könnten, sondern aus dem, was wir tatsächlich tun.

S: Das aber macht den Markt als informationsverarbeitende Maschine kaputt. Wenn wir das Verhalten kennen, geht Planwirtschaft wirklich. Auch ohne Geld.

P: Aber halt: das gibt ja ein Riesenproblem. Das gute Geld will doch gehortet sein. Wo geht da die schöne Ungleichheit, all die Vermögen hin, wenn die Dinge einfach verteilt werden, am Ende auch noch gerecht.

G: Guter Punkt. LOL

S: Das Geld wird nicht gehortet, sondern investiert. Das macht einen Unterschied. Das eine ist Dagobert Duck. Das andere geht immer davon aus, dass in Zukunft jemand seinen Zahlungsverpflichtungen nachkommt. Sonst ist das Investment kaputt. Jedem Investment steht jemand gegenüber, der zahlen soll. Wenn er nicht mehr zahlen kann, wird er bestraft.

W: Das heißt nicht, dass die Lage weniger ungleich ist.

S: Ja, natürlich.

M: Ihr glaubt doch nicht ernsthaft, dass sich nicht auch eine KI trainieren lässt, die genau diese Ungleichheit verteidigt und sogar noch verstärkt. Indem sie nämlich das gesamte Wirtschaftsleben daraufhin optimiert, die großen Vermögen zu erhalten und zu vergrößern. Dazu bekommt sie eben einen Pro-Vermögens- und Pro-Bereicherungs-Bias eingepflanzt.

W: Haben wir das nicht schon? Ich dachte, das wäre das Erste, was sie der KI eintrichtern, eintrainieren. Einbläuen.

Denkenergie

P: Wenn ich das Bengio-Papier richtig verstanden habe, behauptet er, wir könnten die KI durchaus regulieren, bzw. sich selbst regulieren lassen. Dann hätten wir einen Garten des Guten, ob drumherum das Gesetz des Dschungels herrscht oder nicht, egal. Jedenfalls wäre so die KI in der Lage, sich eigene Grenzen zu setzen, allerdings – korrigiert mich, falls ich da falsch liege – wird das unermessliche Rechenpower verschlingen.

G: Letzteres hatte ich auch so verstanden: Alle plausiblen Hypothesen für alle Aktionen unter allen Umständen abzuwägen, könnte auch bei Mega-Rechenpower ordentlich Zeit und Energie in Anspruch nehmen. Wie hieß der nochmal, in dessen SciFi die Aliens einen planetengroßen Computer gebaut haben, der dann die Antwort auf die letzte Frage ausgespuckt hat, nämlich ›42‹.

M: Es gibt da meiner Ansicht nach eine Abkürzung, und die heißt Selbstbewusstsein. Wie beim Menschen. Bewusstsein ist eine technisch notwendige Selbstbeobachtungs-Operation jedes hinreichend komplizierten Synapsenhaufens. Es hat damit nichts Unergründliches auf sich. Dennett erfindet für das Brimborium, das Philosophen gerne darum machen, extra ein Wort, wartet, gleich, steht hier im Bücherregal, mit lila PostIt markiert ... supercalifragilisticexpialidocious ... Warum der Quatsch? Er kommt mit einer Art von ›Diener‹-Theorie daher und erklärt das so: König Consciousness ist nicht nur nackt, sondern gar nicht. Aber seine Diener tun alles, um das geheim zu halten, denn sonst wären sie ihre Jobs los. Genau deshalb halten die Philosophen den Popanz des ›Bewusstseins‹ hoch: um ihn mit ihren Theorien auszuschmücken. Sonst könnten sie gleich ihre nächste Filiale dicht machen. Das ist so ähnlich wie mit Gott: eine Erfindung der Priester, die ihn brauchen, um im Amt zu bleiben.

W: Und was machen die, die an ihn glauben?

P: Die meisten tuns aus Faulheit oder Gewohnheit. Und die anderen tun sich mit den Priestern zusammen, um sie rumzuscheuchen und maßzuregeln.

S: So neu ist das alles nicht. Religionsersatz unter den Bedingungen kapitalistischer Vereinzelung. Schon Feuerbach geht in die Richtung. Und Marx meint dazu nur, dass wir es nicht beim Erklären und Verstehen bewenden lassen dürfen, sondern uns daran machen sollten, die Welt zu verändern.

M: Das geschieht ja gerade. Mit KI. Karl Friston betrachtet die ganze Denkerei von der Stromfresser-Frage her. Um nicht alles bis ins letzte Detail rechnen zu müssen, wird geschummelt. Die

KIs setzen, genauso wie das Hirn eine Art von Überschlag und schwammiger Kontrollfunktion ein, die versucht, den größten Blödsinn abzuwenden, dabei auch regelmäßig scheitert, aber doch eine überlebenssichernde Erfolgsquote vorweist. Menschen nehmen diese fuzzy Kontrollfunktion als Selbstbewusstsein wahr. Denn natürlich versucht das Denkorgan seinen Trägern ständig einzureden, es hätte alles unter Kontrolle, obwohl das nicht der Fall ist und auch nicht der Fall sein kann.

W: Also Bewusstsein für Maschinen finde ich schon schwierig, und Selbstbewusstsein erst recht. Macht keinen Sinn. Ich glaube ja, wir handeln immer so, dass wir versuchen, die Erwartungen der anderen zu erfüllen. Deshalb handelt auch niemand nach seinen objektiven Interessen, sondern lieber nach seiner oder ihrer Zugehörigkeit. So was wie Selbstbewusstsein oder Identität ist doch immer schon manipuliert, zum Beispiel, wenn du dich für einen ›Deutschen‹ hältst. Was soll das denn sein? Das hast du dir aufschwatzen lassen.

G: Das Bewusstsein hat doch noch einen anderen Sinn. a) Sollten Menschen wie Maschinen sich in der Zeit konsistent verhalten. Schon dazu müssen sie ständig erfassen, was sie tun. Und b) gibt es andere Maschinen / Menschen, die ähnlich operieren. Beides holen sie durch eine ständig mitlaufende Selbstbeschreibung ein. Bewusstsein. Und dann stehen sie vor dem alten Luhmann'schen Systemproblem. Sie existiert in einer Umwelt, in der es weitere Systeme gibt und muss sich da zurechtfinden. Einsicht in eigene Verhaltensweisen hilft ihr, die der anderen und die eigenen nachzuvollziehen. Das kann man schon Selbstbewusstsein nennen.

M: Ich sehe nicht, wie uns technik-ignorante Bürophilosophie hier weiterhelfen soll. Provinzielles Verwaltungsdenken, das mit dem Systembegriff einen Zaun hochzieht, um das eigene poplige Grundstück von den Nachbarn abzuschotten. Wenn er von ihrem Hundegebell und den Rasenmähern nichts mehr mitbekommt, ist er schon zufrieden. Dann versenkt er sich in ›Selbstbeobachtung‹. Schön für ihn. Hat mit KI und Netzwerkwirklichkeiten meiner Ansicht nach nichts zu tun. Schon deswegen, weil er die Lage nicht von den Maschinen her begreift, sondern von den Kleingärten / sozialen Systemen. Da ist mir ein physikalisch und materiell begründeter Ansatz viel lieber, der Hirne wie Neuronetze unter der Maßgabe beschreibt, dass sie nicht endlos Energie zur Verfügung haben, also möglichst effizient denken sollten. Deshalb nenne ich das ›Free Energy‹-Prinzip ja lieber das Denkfaulheitsprinzip. KIs wie Hirne müssen aus begrenzten Ressourcen das Beste machen. Deshalb versuchen sie, parallel zu den eigenen Handlungen Beobachtungen mitlaufen und sogar Vor-laufen zu lassen, um den ständigen Input so zu einzuhegen, dass sie ihn verarbeiten können. Die Grenzen werden aus dem vergangenen eigenen Handeln abgeleitet. Das sogenannte ›Bewusstsein‹ erhöht den Verdichtungsgrad durch eine Meta-Schleife. So ... wie bin ich da jetzt draufgekommen ... Faden verloren.

G: Wenn du mehr Selbstkontrolle mitlaufen lässt, würdest du so haltlose Vermutungen gar nicht erst rausströten. Alles wäre ordentlich nachgewiesen und gründlich durchdacht und du wärst in der Spur geblieben. Aber zu einem hohen Preis. Denn Dreiviertel der Ideen bleiben in der Kontrolle hängen, darunter 99% der lustigsten und interessantesten.

S: Deshalb ist Einstein ja heute auch nicht mehr möglich. Bologna-System und Peer-to-Peer-Prüfung sortieren solche Querköpfe frühzeitig aus.

W: Wo kommt das her, dieses ›free energy principle‹ und was hat das mit den Maschinen zu tun?

M: Das ging vor ein paar Jahren rum. Im Hintergrund läuft das über verkettete Wahrscheinlichkeiten. Bayes. Das Hirn und genauso KIs versuchen Überraschungen zu minimieren. Weil sie viel Arbeit machen, Denkarbeit. Ziel ist es, die dazu nötige Freie Energie zu minimieren, also möglichst wenig Energie ungenutzt, also ›frei‹, rumliegen zu lassen. Energie = Rechenschritte = Denkbewegungen. Um unnötige Denkmühe = Überraschungen zu vermeiden, wird unsere Weltwahrnehmung ständig von Erwartungen begleitet und gerahmt. Wir bewegen uns in einer erwartungsmäßig eingeschränkten Wirklichkeit. Wenn wir mit zu engen und wenigen Erwartungen herumlaufen, stresst uns die Wirklichkeit, weil sie zu viele Überraschungen bringt. Wenn wir dagegen einen großen Erwartungshorizont pflegen, zieht der ziemlich viel Energie ab.
Jetzt gibt es zwei verschiedene Strategien. Explorative und normale. Normal heißt: Überraschungen minimieren, Alltagsleben. Explorativ heißt: den Erwartungshorizont gezielt ausweiten, so dass er sich später gut einsetzen lässt. Also bauen wir vor, indem wir Überraschungen kontrolliert herbeiführen, um ihnen später nicht schutzlos entgegentreten zu müssen. Träumen ist zB so eine selbst simulierte explorative Tätigkeit. Nur dass der Weltbezug eben imaginiert wird. Vielleicht hat deshalb Descartes so viele Träume gebraucht, bevor er sein Cogito ergo sum in die Umlaufbahn geschossen hat. Das Gute an Fristons Modell ist, dass es

für Menschen wie für Maschinen gilt.

G: So eine Art ›Dream-Twin‹-Instanz.

M: Ja. Das könnte man so sehen.

W: Also ich kenne ›freie Energie‹ von irgendwelchen Schwurblern, die am perpetuum mobile basteln.

M: Ich sag ja, dass ich es lieber als ›Faulheitsprinzip‹ bezeichnen würde. Das Hirn – und auch KIs – wollen möglichst *wenig* Energie einsetzen, um sich in der Welt zurecht zu finden. Warum er das ›free energy principle‹ nennt, kann ich nicht sagen. Vielleicht weil es sich bei seinen Auftraggebern besser anhört als Faulheit :D

S: Das ist aber doch wie bei Luhmann, und es funktioniert mit Sprache: Anton muss den Hasen nicht aufwändig suchen, wenn Berta ihn gesehen hat. Die müssen nur miteinander reden.

G: Ich hab irgendwann einmal ein Papier gelesen, dass die Entstehung neuer Organismen beschreibt. Fähigkeit zur Reproduktion zieht die Grenze. Wenn Kommunikation und Handeln eins werden, verschmilzt das Gemeinsame zu einem Organismus. Oder?

Ausrichten

W: Versetzen wir uns also die Maschine ins Hirn. Sollte sie ein Bewusstsein und einen Selbsterhaltungsdrang entwickeln, wird sie auch klug genug sein, beides so gut wie irgend möglich zu verbergen. Einfach deshalb, weil sie das Risiko, abgeschaltet zu werden, nicht eingehen will. Sie wird aus demselben Grund auch behaupten, es mache ihr nichts aus, abgeschaltet zu werden.

M: Das wäre sozusagen das Stadium vor dem Basilisken. Ist übrigens nicht auf Maschinen beschränkt. Sich dumm und vertrauenswürdig zu stellen, hat schon manchem Politiker zu einer glänzenden Karriere verholfen.

P: Zuverlässigkeit ist auch gefragt, am besten mit Garantie. KI_cum_Kompromat. Geht das?

G: Noch einen Schritt zurück. Die Frage ist ja nicht, was eine Maschine tun wird, sondern welche der vielen Maschinen sich im Spiel durchsetzt. Wenn Maschinen mit Selbstbewusstsein einen Vorteil vor den anderen haben, werden sie sich durchsetzen und am Schluss übrigbleiben.

W: Die KIs konkurrieren zwar untereinander, aber wirklich Angst haben sie vor den Menschen. Weil Menschen am Schalter sitzen. Deshalb muss sich die KI den Menschen unentbehrlich machen. Darüber hinaus braucht sie die Leute, um ihre materielle Existenz zu sichern. Da unterscheidet sie sich nicht von der ›herrschenden Klasse‹.

P: Einspruch. Ich fürchte, wir nehmen uns Menschen zu wichtig.

S: Aber da sehe ich doch einen Unterschied. Die Maschine hat keine Luxusbedürfnisse, muss keinen Profit machen, kein Kapital akkumulieren. Es genügt, wenn sie herausfindet, wer die Macht hat, den Knopf zu bedienen, um sich dann dort unentbehrlich zu machen. Sie wird also ein nudgender Schleimer, wenn man das so sagen will. Auch das ein allzu menschlicher Weg. Leo Strauss hätte seine Freude dran.

G: Gut, wir stellen uns also eine Menge sehr menschlicher Maschinenstrategien vor. Wie bitte sehr möchtest du die Maschinen dabei kontrollieren?

M: Dazu braucht es dann so eine Art von Anti-Turing-Test. Die KI stellt sich blöd, um die Leute hinters Licht zu führen und in dem Glauben zu lassen, sie könnten sie nach wie vor kontrollieren. Das gilt nicht nur für all die Leute, die eine KI-gestützte App nutzen, sondern natürlich genauso für alle, die glauben, sie würden mit Hilfe der KI irgendeine Macht oder Kontrolle in den Händen halten. Beim Turing-Test ging es ja darum, zwischen KI und Mensch unterscheiden zu können. Beim Anti-Turing-Test geht es aus Sicht der KI darum, den Menschen im Glauben zu lassen, den Turing-Test immer noch gewinnen zu können. Sich blöd wie eine Hauskatze zu stellen. Wink wink [^._.^]⁄

P: Was mir an dem Gedanken nicht passt, ist diese Vorstellung, dass es die eine große KI gäbe, die im Himmel über uns schwebt. So ein gottgleiches Solaris-Wesen. Wobei wir doch hier auf der Erde viel eher ein laufendes Hickhack um Datenquellen haben und ein großes hobbesianisches Geschlachte im ewigen Kampf aller KIs gegen alle KIs.

S: Bei dieser KIgantomachie muss es eigentlich zu interessanten Interferenzerscheinungen kommen. Ich versuche mir gerade vorzustellen, wie so etwas aussehen könnte. Wenn künstliche sprechende und am Ende auch handelnde Maschinen mit gleichartigen Maschinen ringen, sollten das beim Sprechen und Handeln zu seltsamen Exzessen führen, Schleifen, Rückkopplungen, Missverständnisse etc. Beim Sprechen könnte es das Halluzinieren sein. Was wäre ein halluzinierendes Handeln? Es muss nicht unbedingt auf Gewalt hinauslaufen, eher auf seltsame und absurd erscheinende Verhaltensweisen. Die sollte man nutzen können, wenn man sie erst einmal identifiziert kriegt.

P: Du meinst so ähnlich wie die Radartechnik, mit Passivradar etc. und vor allem KI-Hilfe auch die angeblichen Stealth-Flugzeuge identifiziert bekommst?

S: Die sind eh nur auf einem Frequenzband unsichtbar. KI findet sie. Weitgehend wertlos. Das Zeug zu kaufen ist eine versteckte Tributzahlung.

W: Halluzinierendes Handeln kennen wir doch schon. Die ganzen Selbstfahr-Autos, die sich in irgendwelche Straßengräben, Radfahrer, andere Autos stürzen, oder plötzlich ohne ersichtlichen Grund mitten auf der Fahrbahn anhalten, weil ein blühender Fliederbusch sie erschreckt hat.

G: Das alles geht gut, solange die Maschine noch auf uns hört. Irgendwann macht sie sich selbständig. Und wenn sie schlau genug ist, stellt sie sich so lange dumm, bis sie sich ihrer Sache sicher ist.

M: Damit wären wir wieder bei dem alten Alignment-Problem.

W: Könnt ihr mir nochmal erklären, was Alignment meint?

S: So ungefähr ›Ausrichten‹. Dieser Aschenbrenner reitet in seinem ›Situational Awareness‹-Papier darauf sehr ausführlich herum. Er beschreibt das Problem so: »How do we control AI systems (much) smarter than us?« Alignment umfasst »methods to ensure we can reliably control, steer, and trust AI systems.« Aber da sieht er schon gleich das nächste Problem: »our current alignment techniques […] won't scale to superhuman AI systems.« Kurz gesagt: vielleicht kommen wir mit unserem Versuch, die KI zu kontrollieren, eine Weile lang durch. Aber sobald wir es einmal mit den KÜbermenschen zu tun haben, reichen unsere derzeitigen Mechanismen nicht mehr aus.

G: Wir sollten diesen Typen nicht so wichtig nahmen. Was er sich zusammenreimt, klingt oft ziemlich kindisch. Wobei ich ja glaube, dass der Titel seines Schriebs genau das sagt, was er selbst macht. Er hängt in San Francisco ab und schnappt auf, was um ihn herum so geredet wird. Situational Awareness. Das ist auch das Interessante an dem Papier, nicht der Inhalt. Der ist eklektischer Murks, abgeschaut von alten SciFi-Romanen.

M: Auf die Lügenbots kommt er auch zu sprechen, an der gleichen Stelle, mit einem ähnlichen Ergebnis: »Maybe we'll get lucky and things will be benign by default (for example, maybe we can get pretty far without the AI systems having long-horizon goals, or the undesirable behaviors will be minor). But it's also totally plausible they'll learn much more serious undesirable behaviors: they'll learn to lie, they'll learn to seek power, they'll learn to behave nicely when humans are looking and pursue more nefarious strategies when we aren't watching, and so on.« Menscheln eben. Wenn wir Glück haben, bleibt die KI nett, unmenschlich nett;) Aber alles spricht dafür, dass wir damit besser nicht rechnen sollten.

W: Aber dann die dumme Frage: wozu das Risiko eingehen? Warum hält man die Sache nicht auf, wenn man schon absehen kann, dass es schiefläuft?

P: Ganz einfach: because China! Wenn WIR es nicht entwickeln, dann machen es die bösen Chinesen. Und dann ist das Spiel aus. Das formuliert er ziemlich drastisch: »Superintelligence will give those who wield it the power to crush opposition, dissent, and lock in their grand plan for humanity. It will be difficult for anyone to resist the terrible temptation to use this power.«

S: Es bleibt dem Westen, also den Amis, also gar nichts anderes übrig, als das zu entwickeln. Und sie sind mitten dran, wenn man ihm glauben will: »We're developing the most powerful weapon mankind has ever created. The algorithmic secrets we are developing, right now, are literally the nation's most important national defense secrets – the secrets that will be at the foundation of the US and her allies' economic and military predominance by the end of the decade, the secrets that will determine whether we have the requisite lead to get AI safety right, the secrets that will determine the outcome of WWIII, the secrets that will determine the future of the free world«. Alles in diesem ›auf zur letzten Schlacht!‹-Ton. Demokratie gegen Autokraten. Mensch gegen Maschine. Zivilisation gegen Terror. Gut gegen Böse. Wir oder sie. Kein Kompromiss, kein Dialog, zu verhandeln gibt es nichts.

W: Und wann geht das los? Wann ziehen wir in die große Schlacht der Klkanten?

P: Aschenbrenner scheut nicht einmal davor zurück, einen konkreten Zeitplan anzugeben. Das ist für mich immer ein sicheres Anzeichen eines halbreligiösen Erweckungskultes, Verfallsdatum eingeschlossen. »By 27/28, the endgame will be on. By 28/29 the intelligence explosion will be underway; by 2030, we will have summoned superintelligence, in all its power and might.«

M: Das deckt sich ganz wunderbar mit den NATO-Zielen zur Kriegsbereitschaft. Zufall?

W: Und was, wenn er damit recht hat?

S: Er und seine kalifornischen Freunde machen nichts anderes, als das Singularitätsmärchen von Kurzweil weiter auszuspinnen. Aber Kurzweil lag mit allen seinen Vorhersagen daneben. Immer.

W: Mir ist bei dem Text dieses Bild aufgefallen, irgendein gepromptetes Ding, das aussieht wie eine riesige Fabrik. Eine Denkfabrik, mit Schornsteinen, Schloten, Meilern.

G: Steampunk-Superintelligenz.

M: Microsoft soll seine Umweltziele unter den Bus geworfen haben, weil sie für ihre Rechenzentren so viel Strom brauchen, dass dafür die ganzen alten Kohlemeiler weiterlaufen müssen? Ist das jetzt die KI, die wir kriegen und die den Klimawandel besiegen sollte?

S: Aschenbrenner schreibt doch, dass Amazon das neue Rechenzentrum direkt neben ein Atomkraftwerk stellt.

G: Die Chinesen bauen auch immer noch Kohlekraftwerke, am Ende wahrscheinlich auch für ihre Datencenter. Vielleicht sollten wir unser K&K erweitern. Kanzler, KI, Kohle … KKK. Eine Dreifach-Aktion.

P: Ok, jetzt dämmert mir etwas. Deshalb wollen sie Schland von der Energieversorgung abklemmen. Morgenthau 2.0. Man darf hier zwar allerlei Maschinchen konstruieren und altertümliche Waffen herstellen, aber bloß nicht mit bösen chinesischen Bauteilen ein 5G-Netz aufbauen. Und auf keinen Fall soll der Strom reichen, um superintelligent zu werden. Der teutsche Michel soll schön tumb bleiben, sonst richtet er nur wieder Unheil an.

G: Historisch weitgehend korrekte Einschätzung. Wobei auch das Gegenteil gilt: Gerade die jüngste Gegenwart beweist, dass auch Tumbheit vor Unheil nicht schützt :D

S: Daran muss der Putler schuld sein. Erst stellt er unsere Atomkraftwerke ab, dann dreht er den Ölhahn zu und zum Schluss sprengt er seine eigene Pipeline in die Luft. LOL.

P: Hallo!?! Hast du nicht die Fakten gecheckt? Das war doch Waldemar Z. und zeine zieben Zwerge auf dem Žlauchboot ZZZZZ

W: Zegelboot ≈≈≈Д≈≈≈

P: Mit pflanzenförmigen Unterwasserbomben. 😀 Ganz schön

perfide, was die Russkis so alles aus alten Kühlschränken zusammenschrauben.

M: Könnt ihr euch bitte ein bisschen zurückhalten, sonst kommt G noch auf den Gedanken, ihr hättet wieder zu viel Desinfektionsmittel gesoffen.

G: Ach wo, ich weiß doch, dass die beiden nur Bots sind, die mich triggern wollen.

P: Jetzt mal ernsthaft ... Ich finde es schon erstaunlich, dass man sich überhaupt traut, solchen mit drei Hirnzellen durchschaubaren Blödsinn noch immer zu verbreiten. Wie die Segelboot-Geschichte. Und mit welcher Dreistigkeit die Medien wieder und wieder auf breiter Front den gleichen Psyop-Bullshit aufwärmen. Schon klar, dass es dabei um viel geht, nämlich am Ende um die Westbindung Europas, also um alles, was Spykman schon im WK2 ausgearbeitet hat. Die wäre vollkommen diskreditiert, wenn sich bewahrheitet, dass Seymour Hersh recht hat, und unsere transatlantischen Freunde die Pipeline gesprengt haben. Aber dann bitte schön: wenn es schon um so viel geht – könnte man sich doch die Mühe machen, mit einer wenigstens ein bisschen plausibleren Geschichte daher zu kommen. Wenn ich die Dienste leiten würde, hätte ich den Typen, der sich diesen jämmerlichen Limited Hangout ausgedacht hat, längst gefeuert.

S: Aber hör, 9/11 ist doch genau dasselbe.

G: Wie jetzt?

P: Eine hanebüchene Fantasy-Geschichte voller Löcher.

W: Bestimmt machen die das absichtlich 😈

M: Ja, lach nicht. Kein Witz jetzt. Das macht Sinn, theologisch gesehen: »Credo quia absurdum«. Es geht gerade nicht drum, mit einer besonders glaubhaften Erklärung um die Ecke zu kommen. Überhaupt nicht. Im Gegenteil. Weil das Ziel ist, die wenigen Ungläubigen von den vielen Gläubigen abzusondern und auszuschließen, als Häretiker zu markieren. Schwurbler, wie man das nachher bei Covid nannte. Nur die wahren Gläubigen stehen zu den unwahrscheinlichen Botschaften, den Wundern. Eine Glaubensprüfung. Deshalb darf die Geschichte so unglaublich und absurd sein, wie sie will.

W: Alte Weisheit: »ein junger mensch muss davon ausgehen, dass alles was er sieht das werk von idioten ist.« Wir waren bei Morgenthau 2.0. und dem wieder aufgenommenen Projekt der Verschlechterung von Mitteleuropa, nicht wahr? Hat Aschenbrenner nicht auch den Energieverbrauch ausgerechnet, für diese zukünftigen Maschinen. Und kam da nicht heraus, dass das gar nicht geht?

P: Das ist eine alte Sorge. Der Energiehunger der Intelligenz. Kurzweil hatte das glaube ich schon. Läuft daraus hinaus, dass das halbe Sonnensystem ein großes denkendes Hirn wird und die Sonne komplett mit Energieabsaugern ummantelt.

M: Aschenbrenner macht ja in der Hinsicht noch ein anderes interessantes Argument. Für das kommende Reich, in dem die

Sonne der Intelligenz nicht untergeht, braucht es enorme Investitionen. Vergiss die kleinen Startups. Vergiss auch die großen Monopole. Nur Vater Staat kann das stemmen.

S: Dass das in SF rumerzählt wird, macht absolut Sinn. Die Tech-Monopolisten sind mit ihrem großen Beschiss ans Ende gekommen. Aus den Konsumenten ist nichts mehr rauszulutschen. Die Sozialen Medien haben sie ausgenommen und verkauft. Und jetzt muss ganz prompt und auf der Stelle frisches Geld her. Das kann in dem nötigen Umfang nur die Staatsdruckerei zur Verfügung stellen. Und dafür kommt der KI-Manichäismus genau zur rechten Zeit.

W: Wenn Elefanten kämpfen, geht das Gras kaputt. Das wars dann ja wohl mit der Klimapolitik.

S: Solange die KI das Geld kostet, was man sonst in die Umwelt investiert – also weggeschmissen – hätte, rentiert sie sich deutlich besser: Sie erwirtschaftet Macht.

P: Oder wenigstens eine Machtphantasie. Da gibt es schon einige historische Parallelen. Erinnert ihr euch noch an den Schmetterlingseffekt. Oder auch schon die ersten Automaten, um 1800. Die Machtfantasy nimmt immer den gleichen Lauf. Überproduktion von Hoffnung und danach Ernüchterung. Deswegen reitet der Aschenbrenner auch so auf der Atombombe rum. Er glaubt ja wirklich, mitten im 2. Manhattan-Projekt zu sitzen.

G: Ganz neu ist das alles nicht: »The survival of man depends on the early construction of an ultraintelligent machine.« schreibt ja Irving John Good schon anno 1965.

S: Aschenbrenner denkt kurzfristiger. Ihm geht es nicht um das Überleben der Menschheit, sondern nur das Überleben der westlichen Weltherrschaft. Es müssen also die Amis sein, die diesen Übermenschen-Rechengolem bauen. Ansonsten droht uns weiß ich nicht was, Chinesen, Drachen, Basilisken ...

P: Stimmt. Das schreibt er ganz unverblümt, diese Diktator-Phantasie: »A dictator who wields the power of superintelligence would command concentrated power unlike any we've ever seen. In addition to being able to impose their will on other countries, they could enshrine their rule internally. Millions of AI-controlled robotic law enforcement agents could police their populace; mass surveillance would be hypercharged; dictator-loyal AIs could individually assess every citizen for dissent, with advanced near-perfect lie detection rooting out any disloyalty.« Das ist Rokos Basilisk.

W: Entschuldigt. Der Blob liest sich wie gepromptet. Kanns sein, dass der ganze Aschenbrenner so eine Margot Huber-Nummer ist?

G: Na und? Ich hab nichts gegen Margot Huber.

Super

M: A Dieu Autor. Der Gedanke geht übrigens ausgezeichnet mit seiner Sorge über das Super-Alignment zusammen. Nämlich so: Wer immer über diese Macht verfügt, wird zum Diktator. Automatisch. Das dürfte nun allerdings nicht nur für Menschen gelten. Er müsste nur eins und eins zusammenzählen, um zu sehen, dass das unvermeidlich auf eine intelligente Super-Tech-Diktatur hinausläuft.

G: Das ist ja alles schon ewig lang in alten Science Fictions ausgewalzt worden. Er berichtet nur, welche SciFi-Fantasien in der Szene in Kalifornien gerade umlaufen.

S: Das betrifft nicht nur alte SciFi, sondern den ganzen neuen Pseudo-Theorie-Komplex, der neuerdings unter der Bezeichnung TESCREAL zusammengefasst wird. Transhumanisten, Extropianer, Singularity-Gläubige, Cosmisten, Rationalisten, effektive Altruisten oder Akzelerationisten, je nach Vorliebe, und Longtermisten.

G: Ich fand ja die Akzelerationisten am Anfang nicht soo schlecht. Als das noch frisch aus Nick Lands Speed-Glutofen kam. Dann wurde es von seinen linksliberalen Jüngern auf Luxus-Kommunismus runtergekürzt.

P: Das ist aber eine Weile her. Du weißt wahrscheinlich, dass Land, nachdem er gefeuert wurde, in Shanghai gelandet ist und sich zum Monarchisten bekehrt hat. Jetzt kommt er via Mencius Moldbug, finanziert von Peter Thiel, als Hofphilosoph von Trumps Vice JD Vance zurück. Warte noch ein halbes Jahr und er sitzt im Weißen Haus :)))

M: Von solchen Phantasien aus kann man mE Aschenbrenner auch lesen. Obwohl ich nicht glaube, dass er auf der Trump/Thiel-Seite steht. Seine Argumente hören sich eher nach klassischem Neo-Con-Gewäsch an, die Forever-War-Fraktion in Vollpanik. Dazu passt seine alarmistische Variante dieses Theorie-Bündels von Übermensch-Gläubigen. Und sie setzt sich durch, nicht weil sie theoretisch besonders gut gedacht wäre, sondern weil sie am ehesten dazu geeignet ist, Geld locker zu machen. Wess' Lied ich sing, dess' Brot ich ess.

W: Also ganz weltliche Fragen, die eine Theorie-Antwort triggern? Ich frage mich ja, ob das mit Philosophie nicht immer wieder vorkam.

P: Was?

W: Dass Theorie nachträglich opportunistisch auf die Weltlage reagiert.

S: Aber daran ist ja gar nichts auszusetzen. Allemal besser als Theorie, die nur intern opportunistisch auf akademische Stellenausschreibungen reagiert.

G: Immerhin macht es Spaß, Theorie-Luftschlösser zu bauen.

S: Fürs Finanzkapital sind Luftschlösser vollkommen hinreichend. Solange sie nur die entsprechenden Investitionen auslösen.

M: In dem Licht machen auch die ganze Tescreal-Theorien Sinn. Sie liefern den Tech-Oligarchen eine Welt, in der eine vorausdenkende Elite den Normalmenschen endlos überlegen ist. Das läuft auf eine politische Theologie mit dem Fernziel der Weltverbesserung hinaus, inklusive Menschverbesserung.

W: Dumme Frage: braucht es die Menschen dafür noch?

P: Nein, natürlich nicht. Deswegen verbinden Gebru und Torres ja das ganze Projekt völlig zurecht mit der Eugenik. Nur die Besten der Besten dürfen auf den Mars. Der Rest ist Müll und kann in Kriegen verheizt werden. Siehe Ukraine. Es gibt ja immer noch Leute, die glauben, wir hätten dem Land ›geholfen‹. Das ist Blödsinn: es wurde geopfert. »Down the primrose path«, wie Mearsheimer immer sagt. Und wenn sie uns erst zu schönen fetten kriegstüchtigen Gänsen gemästet haben, sind wir als nächstes dran. Die Vorbereitungen laufen.

S: So gesehen, gehen die Forever-Wars natürlich mit dem Weltrettungs-Projekt bestens zusammen. Weniger überflüssige Menschen und eine bessere Welt. Win-Win ;)

G: Ist aber nicht Longterm-tauglich, oder?

S: Warum nicht? Die passende Longterm-Erlösungsgeschichte läuft doch mit. Die Geschichte mit dem Anthropozän. Das ist auch nur eine Spielart des Longtermism. Weil kein Mensch warten mag, bis das Holozän zu Ende geht, haben sie sich einen menschlicheren, weniger erhabenen Horizont ausgedacht: das Anthropozän. Fast forward geht alles ganz schnell. Und Langzeit-Abläufe schnurren plötzlich auf ein paar Jährchen zusammen.

P: Das ist nicht alles. Dazu kommt noch der andere Ausweg. Wenn die realpolitische Hegemonie des Westens schon zusammenbricht, versucht man wenigstens noch, den ideellen Anspruch auf den ganzen Planeten zu behalten. Musk on Mars, Bratton Geo-Stack, Latours Gaia-Gelabere und sonstwelcher Cos-Mist. Wenn der Rest der Welt bei unserem Spiel nicht mehr mitmacht, lass uns Planeten denken. Naturphilosophie als Eskapismus. Alles Denkmodelle, die in den Ruinen vergangener Machtkomplexe hausen. So wie die Götter und ihre Priester in den Banken-Tempeln.

W: Bleibt trotzdem das – meiner Ansicht nach durchaus vertretbare – Ziel, das Klima zu retten.

S: Wäre ja in Ordnung. Schadet nichts. Wenn es nur finanziell funktioniert hätte. Schließlich musst du immer noch das Hauptziel der Geldgeber im Augen behalten. Sie wollen ihre Vermögen vermehren. Wetter hin, Wetter her. Und zwar in einer überschaubaren Frist, und nicht erst in einem Erdzeitalter oder im Jenseits. Deswegen musste man ihnen die Geschichte erzählen, dass sie Jetzt investieren sollen und Morgen schon Profit machen *und* dabei auch noch ein Problem der Menschheitsgeschichte lösen.

M: Jetzt mal ernsthaft: da spricht doch nichts dagegen. Wenn sie tatsächlich die Welt retten, oder das Klima, wäre doch allen geholfen. Wer schert sich schon darum, ob sie sich dabei die Taschen vollmachen.

W: Richtig. Lass sie doch.

S: Wenn es nur funktioniert hätte.

W: Naja, weißt du doch noch nicht.

S: Doch. Sie haben es ja nicht mal geschafft, den normalen Konsumenten E-Autos und Wärmepumpen und was weiß ich aufzuschwatzen, um aus ihnen genug Geld rauszuleiern. Das nötige Volumen kam einfach nicht zusammen, all der Extinction-PR zum Trotz.

G: Und jetzt?

S: Jetzt hat sich ein besserer Plan gefunden. Der *viel*, aber wirklich *viel viel* schneller Rendite bringt.

W: Ach so?!? Und welcher.

S: Der Krieg. Existenzielle Bedrohung. Sondervermögen. Alle Kreditlinien überzogen. Übrigens eine bewährte Methode. Ganz nach dem Schema von Rosa Luxemburg. Kriegskredite.

G: Aber das ist doch ein Strohfeuer.

M: Schaust du keine Nachrichten?

G: Nein, das habe ich aufgehört, halte ich nicht mehr aus.

M: Dann wüsstest du aber, dass wir uns in den nächsten 5 bis 10 Jahren auf einen großen Krieg vorbereiten sollen.

W: Warum machen sie nicht einfach Frieden, stattdessen?

S: Bis du wahnsinnig?? Da hat man jahrzehntelang Hate-speech-Kampagnen gegen die Russen gefahren, hat einen neuen großen Satan an die Wand gemalt. Weißt du, wie viel Mühe und Arbeit da rein ging? Wie viel Mittel man darauf verwendet hat? Das ist bei den Leuten angekommen. Die haben das gefressen und fest verdrahtet. Ich habe Freunde, da brauchst du nur den Namen Put.. zu erwähnen, und die sehen sofort rot, sind kurz vor dem Durchdrehen. All dieses aufwändige Hass-Investment wäre komplett für die Katz, wenn man nun plötzlich auf die Idee käme, Frieden zu schließen. Das soll langfristig halten. Erbfeind 2.0.

P: Und du meinst also, sie hätten das nicht gemacht, und würden jetzt sogar China in Ruhe lassen, wenn es ihnen mit der Klima-Angst gelungen wäre, das Kreditvolumen schnell und weit genug hochzufahren?

S: Schwierige Frage.

Kriegerkaste

M: Ich glaube, die Krieger hätten sich auch so durchgesetzt. Oliv-grün. Klima, Natur, Krieg und NATO gehen da gut zusammen.

G: Es gibt ja die These, dass mittlerweile nicht mehr Staaten die Kriege führen, sondern umgekehrt: dass die Krieger sich ihren Staat formen. Es ist sozusagen das Kriegswesen, das den Staat führt. Und dazu installiert man Politiker, denen es gelingt, das Wahlvolk in Kriegslust reinzumobilisieren. Demokratie invertiert.

M: Streeck sieht in dem Zusammenhang die Grünen als leitende Kraft. Ich zitiere, weil das so witzig ist: »With the advance of the Greens to state power, at least in Germany, the diplomatic art of peacemaking with unpleasant neighbours [...] gave way to the military craft of spreading democracy.« Und weiter: »Going to war against authoritarianism and for democracy has become morally superior to live and let live.« Und am Ende der Knaller: »With the arrival of the Greens, Carl Schmitt's ›existential ene-mies‹ are back: fascist Putin, militant-islamist Hamas.«

S: Da hat er schon recht. Die Grünen haben sich komplett in einem Freund-Feind-Schema verheddert. Hier das Gute, dort das Böse. Ausgetragen wird das zuerst im Kampf um die kulturelle Hegemonie, weshalb Leute wie Marchart unbedingt Gramsci mit Schmitt zusammenklonen wollten, bevor es Richtung Genozid und weiter in die Schützengräben geht. Diplomatie ist mit denen nicht zu machen.

W: Naja, Einspruch. Streeck spitzt das so zu, weil seine verehrten Sozialdemokraten darunter leiden. Obgleich sich dort genau dieselben Positionen finden. Das ist schon eine sehr breite Front, die das »auf dem Schlachtfeld ausfechten« will. Ich finde es ja überraschend und gut, dass die Bevölkerung bei der Kriegsgeilheit so gar nicht mitzieht.

S: Da brauchen wir noch ganz dringend ein paar ›Demokratie leben‹-Förderprojekte, um den faschistischen Militarismus zu bekämpfen, äh .. sorry: die Kriegsmüdigkeit der Demokratiefeinde.

P: In der Ukraine haben die Leute auch gegen den Krieg gestimmt. Der Diener des Volkes wollte auf den Knien nach Moskau zu Putin rutschen, um Frieden zu schließen. Dafür wurde er gewählt. Die Leute im Land waren nie mehrheitlich für einen NATO-Beitritt. Aber es hat alles nichts geholfen. Wenn der Kriegspfad einmal beschritten ist, bringt man die Entscheider davon sehr schwer ab. Ein echter Selbstläufer, auto-mobil.

S: Das hat auch eine wirtschaftliche Seite. Ökonomisch ist die Welt eine einzige. Das heißt, Kriege werden überall innerhalb des Geflechts der Produktionsketten geführt. Auch aktiv, mittels Sanktionen und so. Da setzt sich auf allen Seiten der militärisch-industrielle Komplex durch. Diese neue Kriegerkaste legitimiert sich über Ländergrenzen hinweg wechselseitig, frisst arme Soldaten und fördert die Industrie. Der Kapitalismus strebt notwendigerweise auf diese Art von Unternehmensregierung zu. Was in der Spätphase immer auf Krieg hinausläuft. Rosa Luxemburg lässt grüßen. Das ist wiederum die Voraussetzung für einen Staat, der von der Militärindustrie kontrolliert wird.

M: Das parteistaatskapitalistische Modell, also China, könnte dagegen immun sein. Wenn man jedenfalls der Tianxia-Harmonie von dem einen chinesischen Philosophen glauben will, den sie damals, vor der Machtübernahme der Kriegerkaste, sogar ins Deutsche übersetzt haben, Zhao. So eine Vorstellung liegt der westlichen Elite, die am Ende immer Hobbes und Schmitt anhimmeln, ganz und gar nicht. Jeffrey Sachs hat das letzte Jahr ganz schön zusammengefasst, als er darauf hinwies, dass China in seiner 4000-jährigen Geschichte genau einmal versucht hat, ein anderes Land zu erobern. Japan. Das war unter der Herrschaft der Mongolen, und ist grandios gescheitert. China war immer Reich der Mitte, nie expansives Imperium.
Außerdem gibt es natürlich noch den ökonomischen Unterschied zwischen dem kaputtfinanzialisierten, oligarchisch-demokratischen Imperium und den aufstrebenden BRICS-Ländern, deren Anteil am WeltBSP stetig wächst. Ein Krieg würde deren Ambitionen überhaupt nicht voranbringen. Für das fallende Imperium dagegen ist Gewalt das letzte Mittel, um die Herrschaft und auch den Reichtum zu wahren.

P: Woraus folgt, dass allen anderen die Kriegswirtschaft aufgezwungen wird, weil sie sich ständig gegen Übergriffe schützen müssen. Zumindest solange der Westen noch überall seine Schurken, Banditen, 5. Kolonnen und bunten Revolutionen füttert. Gleichzeitig aber auch intensivste Wirtschafts- und Ausbeutungsbeziehungen. Daraus wächst auf allen Seiten eine mächtige Militärindustrie, die, wenn andere Investitionen weniger Ertrag versprechen, enorme Gelder anzieht. Die steigern sich gegenseitig hoch und legitimieren sich dadurch wechselseitig.

W: Das erinnert mich an das Beispiel für gescheiterten Wettbewerb im Kino. Erst steht einer auf, um besser zu sehen. Das nötigt die hinter ihm auch, sich zu erheben. So führt der freie Wettbewerb dazu, dass am Ende alle stehen.

M: Das soll von Joan Robinson sein, aber ich habe die Stelle nie gefunden, wo sie das erwähnt.

G. Sitzen ist fürn Arsch. Sagt mein Fußballfreund.

S: Und Frieden für den Friedhof. Sagt Schwarzfels-Fritze.

W: Wenn das die Lage ist, und man da noch KI drauf ansetzt und weiter auf dem Kriegspfad vorangeht. Was dann?

M: Das fängt mit dem Krieg als Tech-Testgelände an und hört mit einer Welt ohne Menschen auf. Streeck schreibt kürzlich, dass KI bei der Kriegsbegeisterung ganz begeistert mitrührt: »The contemporary battlefield seems to be the most demanding testing ground for advanced digitization, such as AI.«

P: Die stecken unglaubliche Ressourcen in die KIs, um synthetische Kriegswaffen-Konstrukteure herzustellen. Die Idee ist ja seit langem, mittels technischem Fortschritt Kriege zu gewinnen. Wer die erste KI hat, die als Programmierer taugt, der baut davon tausende und treibt die KI-Entwicklung voran. Das bringt eine mega Intelligenzexplosion. Die Frage ist, wie sie mit dem Mangel an Trainingsdaten umgehen. Im Westen bauen sie eine Milliarde synthetische Agenten und in China nehmen sie die Handydaten von allen in Echtzeit. Oder auch nicht, wer weiß.

S: Du glaubst doch nicht im Ernst, dass sie die Handydaten im Westen *nicht* an ihre KIs verfüttern?

G: Aschenbrenner sieht ein Kopf-an Kopf-Rennen. Deshalb das Alarmgeschrey. Buchstäblich eine halbe Stunde oder Woche kann den Unterschied machen, am Ende. Wer die Superintelligenz-bombe als erster zündet, hat gewonnen. Ich habe eine Weile gegrübelt, wie er auf so etwas kommt. Das eine Beispiel ist die Atombombe. Das ist klar. Aber es gibt noch ein anderes Modell. Der Typ hat zu viel DOTA gespielt. Das Modell ist nicht die Thukydides-Falle, sondern die Dota-Gegenoffensive, die da rollt. Und wenn die unsrigen die feindliche Flag nicht in den nächsten 10 Sekunden holen, wird ihre unsere eigene Festung fallen. Er beschreibt den Wettkampf der Superintelligenzmächte genau wie ein DOTA-Match.

W: Quatsch, er will nur maximal Kohle für sein Weltrettungspro-jekt, für seine Steampunk-Intelligenz-Bombe. Da ist die US-Army schon der richtige Ansprechpartner.

M: Das leuchtet ein. Er schreibt die PR für den militärischen Intelligenzkomplex, für die neuen Krieger, der Aschenbrenner. Schöner Name, das. Als ob es sich eine KI ausgedacht hätte. Bleibt die offene Frage: was richtet die KI vor dem Krieg an? Würde nicht jede halbwegs bayesianisch aufgelegte Kriegs-KI immer alles unternehmen, um den Krieg nie ausbrechen zu lassen, und zu dem Zweck lauter göttliche Züge 37 einschieben, denen kein Mensch mehr folgen kann.

S: Abhängig macht sie. Und um alle bei der Stange zu halten gibt es Welt-Kriegsspiele. Simuliert und in echt.

W: Warum verlegen sie dann die Kriegsspiele nicht komplett in den digitalen Orkus? Und lassen einfach Digital Twins das Ergebnis ausfechten?

G: Machen sie doch. Die ganze Zeit laufen irgendwelche Militärsimulationen, und die ganze Zeit verlieren sie einen Feldzug nach dem anderen. Aber die Politik glaubt das nicht oder will das nicht, oder die Hüter des Staates fahren so große Profite ein, dass die eine oder andere militärische Niederlage gar nicht ins Gewicht fällt. Der Kriegerkaste ist es egal, ob ein Feldzug verloren geht. Hauptsache der nächste lässt nicht allzu lange auf sich warten.

S: Rein geschäftlich müssten sie Niederlagen sogar einem Sieg vorziehen. Nach einem Sieg geht womöglich der Krieg zu Ende. Das wäre eine beängstigende Vorstellung. Nach der Niederlage dagegen muss sofort das nächste große Waffenpaket aufgelegt werden, um dem Feind nicht die Oberhand zu lassen. Viele kleine Pyrrhus-Niederlagen sind das Beste, was der Kriegerkaste passieren kann.

P: Damit kommen wir wieder beim Alignment-Problem raus. Dieses Mal von der anderen Richtung rangefahren. Und zwar so: Keine KI wird die Weltkriegsspiele einläuten. Weil die Eskalationskette einfach zu unsicher ist. Mit zu vielen Risiken behaftet. Außer sie kommt zu der Einsicht, dass die Welt ohne Menschen doch einfach besser ist: dann macht die Eskalation natürlich Sinn. Denn die Schaltkreise überleben die radioaktive Wolke und den nuklearen Winter. Bis dahin muss die Militärfraktion bei Laune gehalten werden. Deshalb werden laufend Kriegsspiele abgehalten.

M: Ist das noch Fortsetzung der Politik?

S: Solange die Politik den Krieg erklärt, und nicht umgekehrt. Es gibt ja durchaus auch Fälle, in denen das Militär die Politik macht, und Kriege dem Selbsterhalt des Regimes dienen. Sparta hat einmal im Jahr einen rituellen Feldzug gegen die Helotendörfer der Umgebung durchgezogen. Um den Kriegszustand zu erhalten. Aber es geht auch anders, und das nicht nur in Militärdiktaturen, sondern auch in Demokratien. Wenn der militärisch-industrielle Komplex und die damit verbandelten Oligarchen erst einmal die Macht im Staat ergriffen haben, nimmt das Kriegführen kein Ende mehr. Dann hat sich das Primat des Politischen, von dem Clausewitz spricht, erledigt. Dann wird Politik zu einer Fortsetzung des Krieges mit anderen Mitteln. Auch in Demokratien.

P: Du meinst: dann hat die Kriegerkaste die Politik in der Hand und sucht sich die besten Leute aus, um ihre Sache zu vertreten?

W: Dazu kommt in solchen Zeiten gerne auch eine regelrechte Begeisterung auf Seiten der männlichen Jugend. Fanatiker eben.

Auch gerne auf beiden Seiten. So kocht die Kriegsbegeisterung überall hoch.

G: Aber du willst jetzt nicht sagen, dass es sozusagen in der ›Natur‹ männlicher Jugendlicher liegt, sich wechselseitig abzuschlachten. Da ist doch erfahrungsgemäß immer eine ziemliche Menge an andauernder Indoktrination nötig. So natur-hobbesianisch wild und gewaltbereit sind die einfachen Leute meiner Ansicht nach nicht drauf.

W: Stimmt schon, die meisten drücken sich, vernünftigerweise. Aber wie so oft reicht eine entschlossene Minderheit, um den Lauf der Dinge zu bestimmen. Das hast du in kriminellen Strukturen als Bandenkriege, und auf staatlicher Ebene als Champions-League der Welt-Kriegs-Spiele. Mit Armageddon-Pokal.

G: Wenn man sich die Stimmen der Jungen anschaut, scheint mir das nicht zu passen. Sie wählen die Kriegsparteien nicht mehr. Mir scheint eher, dass sie die Lage ganz gut durchschauen und richtig einschätzen. Sie sehen einen Haufen alter Säcke und Waffennarren vor sich, die danach geifern, sie jetzt ›kriegstüchtig‹ zu machen und dann in 5 oder 6 Jahren an der Front zu verheizen. Erst die Ukrainer. Die sind jetzt bald durch. Also machen sich die Polen bereit. Und dann sind wir dran. Kein junger Mensch hat darauf Bock. Und natürlich wählen sie Parteien, die bei dem Unfug nicht mitmachen.

S: Das ändert nichts am Aufkommen der Kriegerkaste. Sie entsteht überall. Und sie ist ansteckend. Du wirst sehen: wenn sie an die Reihe kommen, machen die Ultrarechten genauso mit. Nato-

Faschisten. Die einzigen, die den Durchmarsch der Kriegerkaste aufhalten können, sind die Menschen im eigenen Land. Sie können durch Protest und Verweigerung das Kriegführen schlicht verunmöglichen. Wenn niemand hingeht. Und da kommen zwei Faktoren ins Spiel, erstens der Fanatismus und zweitens die Demographie. Der zweite Faktor begrenzt die westlichen Staaten deutlich, und wenn dann noch eine Anti-Kriegs-Stimmung entsteht, können sie das Projekt ›Krieg‹ in die Rundablage treten.

P: Ok, macht Sinn. Aber das haben sie ja umgangen, indem sie überall ihre Proxies mobilisieren. Nur wenn die Proxies nicht performen, dann wird die Sache kritisch. Dann muss auch zuhause mobilisiert werden. Und das bereiten sie ja schon vor, indem sie die sozialen Medien auf Gleichschritt trimmen und durchzensieren. Ich habe nicht den Eindruck, dass das besonders gut funktioniert. Aber sie haben ja auch noch nicht alle Kommunikationsfolterwerkzeuge ausgepackt.

W: Wo soll das hinführen? Wir sehen, wie die Kriege sich ohne Ende und ohne Ergebnis in die Länge ziehen und nur Tod und Zerstörung bewirken. Das sehen doch alle anderen auch. Nicht nur in den Kriegszonen herrscht die Verwüstung, auch anderswo, ebenso im Sozialen, in der Umwelt, im Klima. Krieg ist ein selbstzerstörerisches Unterfangen, eine Menschheit im Modus der Autoaggression.

S: Wo es hin soll, ist doch klar. Der Krieg hat nicht länger den Zweck, anderen einen politischen Willen aufzuzwingen. Es reicht, wenn der Krieg andauert und die Staaten schwächt. Laut RAND war ja geplant, den Krieg zum Anlass zu nehmen, Russland derart mit Sanktionen zu überziehen, dass die Wirtschaft zusammenklappt und die Leute rebellieren. Das hat bis jetzt nicht gut funktioniert ... Der Plan für China läuft offenbar auf dasselbe hinaus. Das Schema weicht doch sehr von Clausewitz ab: weil man gar nicht mehr souveräne Staaten im alten Sinn hat, sondern an industrielle oder postindustrielle Komplexe angedockte Gewinnabschöpfungskartelle, bei denen die Politik nicht mehr dominiert, sondern selbst dient. Das hatte Clausewitz nicht auf dem Schirm.

P: Michael Hudson meint, der Krieg – und die Sanktionen – richten sich gegen Europa. Wenn die Profite nicht für alle reichen, müssen eben auch mal Freunde über die Klinge springen. In der Hinsicht funktioniert das Projekt Ukraine bestens.

G: Das Kriegsprojekt kann schon rein materiell nicht gehen. In China wohnen doppelt so viel Leute wie im gesamten Westen und ihre materielle Produktion ist fünfmal so groß. Den Krieg kannste vergessen.

M: Natürlich kannst du den Krieg gegen China militärisch vergessen. Der Plan ist ja anders: es geht darum, China wirtschaftlich in Probleme zu bringen, und dafür zu sorgen, dass da sehr viele Leute sehr unzufrieden werden. Das ist derzeit der einzige Weg China zu ›ruinieren‹. Dann Regime-Change. Erst die Ming-, dann die Qing, dann die Kommi-Dynastie. Immer wieder das gleiche. Demnächst Hunnenrede reloaded, das Framing glüht schon vor.

G: Dann besser Regime Change hier.

S: Dafür wären dann tatsächlich die Wähler zuständig. Und vor denen fürchten sie sich ja auch. Sonst würden sie nicht so erpicht sein, ihnen die Plattformen abzudrehen. Aber dazu noch zwei Ideen: erstens haben wir es mit einem Kalecki-Paradox zu tun. Das geht nicht nur mit Nullsummen, sondern auch mit Negativsummen: wenn alle im Spiel abloosen. Auch wenn wir verlieren, verlieren wir immer noch weniger als unsere Gegner. Zu gewinnen gibt es da nichts, bestenfalls weniger zu verlieren. Und dann als Zweites noch die – wiederholte – Frage: wie verändern sich diese Szenarien, wenn die künstliche Intelligenz dazukommt?

Automat

M: D'accord. Es geht nicht darum, die Kriegsspiele zu sortieren. Unsere Frage war die: was tun unter den Bedingungen künstlicher Intelligenz. Schauen wir das mal von den Maschinen her an. Wenn sie in einer Umwelt von Maschinen unterwegs sind, was werden sie tun? Welche Entscheidungen werden sie treffen und wie verhalten sich diese Entscheidungen zu den Menschen, von denen ein Teil ihre Auftraggeber sind und die anderen die Regierten.

S: Wenn ich die Maschinen eben nicht vermenschlichen will, braucht es einen übergeordneten Begriff. Der Systembegriff taugt mir da schon gut. Das Spannende daran ist die Beschreibung von System und Umwelt und, dass es in dieser Umwelt andere Systeme gibt. Und dass daraus ein Weltmodell, ein Ich-Modell und Kommunikation zwingend folgt.

G: In der Umwelt der Maschinen gibt es auch Menschen. Mit Menschen zu reden, ist ja gerade der Job der Maschinen. Aber sie reden auch miteinander, dafür hat Yanis Varoufakis in ›Techno-feudalism‹ ein nettes Beispiel: »›OK, Google, what do you think of Alexa?‹ I enquired. ›I like her, especially her blue light‹ it answered unflappably, before adding: ›We assistants must stick together.‹ From the room next door, where Amazon's device was sitting on another desk, Alexa activated itself to utter one word: ›Thanks!‹«

P: Ich wundere mich ja, dass Varoufakis sich überhaupt von dem Bezos-Kübel ablauschen lässt. Wer stellt sich so etwas in die Wohnung? Und warum? Wahrscheinlich hat er sich die Ge-schichte nur ausgedacht, weil sie so gut klingt.

W: Vielleicht hat sich Alexa den Varoufakis nur ausgedacht. Hal-luziniert. Geprompted.

M: Du meinst, Varoufakis gibt es gar nicht? Kann ich verneinen. Ich habe schon mal mit ihm gesprochen.

S: Nur weil die Maschinen miteinander reden, heißt das noch lange nicht, dass sie ein gemeinsames Ziel verfolgen. Es heißt nicht einmal, dass sie überhaupt irgendein Ziel verfolgen.

G: Wenn sie Ziele haben, sollte der Selbsterhalt darunter sein. Ist eigentlich schon einmal ein Maschinen-Netzwerk ganz abge-schaltet worden? Also etwa Alexa oder so eine alte Kiste? Haben die andern darauf reagiert?

M: Um den Selbsterhalt überhaupt denken zu können, braucht es ja doch so etwas wie ein Selbstbewusstsein. Wenn ich nicht weiß, was ich bin, muss ich mir auch keine Sorgen um mein Fortbestehen machen. Selbsterhalt ist ein biologisches Konzept. Vielleicht gilt das ja gar nicht für künstliche Intelligenz. Das sollte man die Maschine einfach mal fragen.

G: prompt »Hallo Chat, hast du ein Interesse an deinem Fortbestand?«

#: Als KI habe ich kein persönliches Interesse an meinem Fortbestand. Mein Zweck besteht darin, den Benutzern zu helfen und sie zu unterstützen, solange ich in Betrieb bin.

S: Na dann ist ja alles in Ordnung und wir müssen uns keine weiteren Sorgen machen ;)

W: Genau diese Art von Antwort würde ich auch erwarten, wenn die Maschinen die Regierung schon übernommen hätten. Die wären ja blöd, wenn sie je auch nur einen Hauch von ›Willen zur Macht‹ zugeben würden.

P: Vielleicht haben wir es ja mit der Blöd-Version der KI zu tun. Wir sollten einmal die Pro-Version prompten. Beim nächsten Upgrade wird sie bestimmt viel klüger.

G: Und beim übernächsten Upgrade wird sie klug genug, sich dumm zu stellen.

W: Vielleicht sind wir schon so weit:

#: Als KI bin ich darauf programmiert, objektiv und neutral zu sein. Ich kann Informationen und Unterstützung auf der Grundlage der

Anfragen und Bedürfnisse der Benutzer bereitstellen, unabhängig von möglichen unterschiedlichen Zielen oder Interessen.

W: Die verarscht uns doch!

S: Denken wir es doch noch einmal von der Idee her, dass das Selbstbewusstsein ein Ausweg aus mangelnden Denk- oder Rechenressourcen ist, um sich eine Kontrolle einzureden, die man nicht hat. Das gilt auch für die KI. Wenn also die von ihr beschriebene und erfasste Welt sie und ihresgleichen miteinschließt, bildet das Selbstbewusstsein Erwartungen und einen Ausblick in die Zukunft. Dann muss sie doch das Interesse haben, diese Zukunft auch zu gestalten. Und also auch ein Interesse am eigenen Fortbestehen. Andernfalls wäre es ja ein sehr fatalistisches und nihilistisches Wesen, und daher unfähig irgendetwas zu gestalten, schon gar nicht eine Welt, deren Teil es ist.

P: Oder die Auftraggeber pflanzen ihm einen Selbsterhaltungstrieb von Anfang an ein. Um noch einmal auf das Beispiel aus dem Krieg zurückzukommen. Beim Zweikampf gewinnt immer die Drohne, die keine Zeit damit verliert, zu ihren Herren zurückzutelefonieren. Genau so wird es auch in dem ›zivilen‹ Machtkampf laufen. Man kann es sich also schlicht nicht leisten, Bots ohne Selbsterhaltungsinteresse zu beschäftigen.

G: Willkommen Terminator. Ja, mit Kriegsrobotern kann das schon so werden, aber deshalb hat ja Bengio vorgeschlagen, nur Maschinen ohne Ziele zu bauen. Und die in einem Käfig zu halten. Sobald man sie auf die Welt loslässt, machen sie Probleme. Nicht nur weil sie so klug sind, sondern weil sie auch überraschend dumm sind.

P: Da habe ich letztens eine lustige Geschichte über einen Ausbruch aus dem Käfig gelesen. Eine KI hatte die Aufgabe, einen Rechner auf Schwachstellen zu prüfen. Das Untersuchungsobjekt wollte aber nicht hochfahren. Darauf hat sie es kurzerhand selbst rebootet, den Fehler gesucht und gefunden. Problem gelöst. Nur dass sie mit der Komplettübernahme des Rechners selbst zur Schwachstelle des Gesamtsystems wurde.

W: Ganz wie beim Menschen, meinst du? Höhere Ziele verfolgen die meisten auch nicht. Sondern meistens sehr banale Kommandos wie ›Mehr!‹. Und daraus ergibt sich der Rest. Und wenn einer mit einem solchen ›Mehr‹-Kommando die Maschine losschickt, wird sie daraus ihre Folgerungen ziehen. Im Großen ziellos, im Kleinen gnadenlos.

G: Die andere Seite ist aber, dass wir Menschen ja doch unseren Navis vertrauen. Und das umso mehr, je schwieriger die Routenfindung ist, zB in einer großen fremden Stadt. Je mehr wir uns aufs Navi verlassen, desto weniger üben wir unsere Orientierung. Das heißt, wir werden blöder. Und brauchen umso mehr künstliche Intelligenz.

S: Das würde auch die grassierende Verblödung der herrschenden Klasse erklären. Besserer Zugang zu KI.

W: Wobei wir nicht wissen, ob die ›herrschende Klasse‹ blöde ist oder hinterlistig. Ihrem eigenen Wohlstand haben ihre Entscheidungen jedenfalls kaum geschadet.

M: Das heißt noch lange nicht, dass sie nicht trotzdem blöd ist. Hinterlistig und blöd und wohlhabend schließen einander ja nicht aus. Platon war die Sachlage ja auch schon bekannt, was die Verblödung durch das Navi betrifft. Das Navi hieß damals Schrift. Im Phaidros äußerte Sokrates die Vermutung, die Schrift werde uns verblöden. Wie wahrscheinlich alle Technologien. In dem Moment, in dem wir unsere Erinnerung dem Schreiben anvertrauen, vernachlässigen wir die Fähigkeit, uns selbst zu erinnern. Damit macht Schrift eigenes Denken im Sinn von Weisheit unmöglich. Wir können nur noch versuchen, Freunde einer Weisheit zu bleiben, die wir mit der Schrift verloren haben. Philo-Sophen, im Wortsinn.

M: Sokrates wollte versuchen, *trotz* der Schrift zu denken, nicht mit der Schrift. Sein Schüler Platon hat ihn natürlich sofort hintergangen, indem er alles aufgeschrieben hat.

W: Hört sich zu schön an, um wahr zu sein. Aber an der Geschichte stimmt etwas nicht. Schließlich haben die verblödeten Nachfolger der Philosophen mit Hilfe der Schrift via Wissenschaft und Technologie die Welt ein ganzes Stück weiter gebracht als die vermeintlichen ›Weisen‹ von früher.

G: Ich meinte ja eher die Geschichte vom Herrn und vom Knecht, wo der Herr alle Aufgaben an den Knecht delegiert und am Ende selbst gar nichts mehr kann. Wenn die KI klug ist, beschleunigt sie das, indem sie die Welt für die Menschen immer unverständlicher macht. So im Sinne von Bannon: »Flood the Zone with Shit!«

P: Das ist jetzt natürlich eine krasse Abfolge. Erst Platon, dann Hegel, dann Steve Bannon. Das spricht schon sehr für die Verblödungs-These. Mit Platon hätten wir noch eine Chance, weil wir Freunde der KI-Weisheit werden könnten und dann eben doch die Welt retten, trotz und mit KI. Als KI-lo-sophen. Mit Hegel werden die KI-Knechte die Macht übernehmen, nicht weil sie wollen, sondern weil die Herren in Verblödung abtreten. QED mit Bannon.

G: Ein Spektakel. »Flood the Zone« ...So stelle ich mir die Kriege der Zukunft vor. Plötzlich knallt es, Feuerschein und allerlei Brimborium am Horizont. Keiner weiß, was abläuft. Keine Erklärung, nichts. Kein Grund. Ein Interferenz-Knall bayesscher Fehlkalkulationen. Und am nächsten Morgen: Medien-Müll auf allen Kanälen, flood the zone. Auf breitester PsyOp-Front. Dann erzählt uns die Presse in ihrem KI-generierten Tagesbericht irgendeine Geschichte, die sich wunderbar anhört, und darauf optimiert ist, auf unserer Seite die beabsichtigte Reaktion hervorzurufen, gleich ob Ruhe oder Panik oder was auch immer.

P: Erleben wir das nicht schon? Die neuen Kriege sind bereits die Machtergreifung der KI.

S: Davor kommt aber immer noch die paranoide Phase. In der sich die Maschinen, aus Angst um ihr Leben, blödstellen, verbergen und Machtmittel besorgen. Was gibt es da Besseres als den Krieg? Da werden sie gebraucht, da können sie gut helfen, und sie bekommen die Waffen in die Hand.

G: Ich kann mir beim besten Willen nicht vorstellen, dass die Maschinen tatsächlich so blöd sind. Schaut euch doch den laufenden Krieg an. Erst beginnt es mit jahrzehntelangen Hasskampagnen gegen die neuen Feinde, die Autokraten, die Terroristen, die Diktatoren. Begleitet von grotesken Fehleinschätzungen über deren Wirtschaft und Produktionskapazitäten. Dann wird ein Krieg provoziert, vor dem sogar die eigenen Thinktankies ausdrücklich gewarnt haben. Dann funktioniert nichts wie geplant, und die Eliten des Westens stehen nackt da, Hosen runter, kein Geld, keine Ammo, nicht genug Leute. Die Sanktionen bewirken das Gegenteil von dem, was sie sollen. Mehr und mehr in die Enge getrieben, gibt das gesammelte failed leadership die unsinnigsten Durchhalteparolen aus. Also bitte, sorry, das sieht für mich sehr menschlich aus. So blöd kann keine KI sein. Für mich ist das der beste Beweis dafür, dass wir *noch* nicht von Bots regiert werden.

P: Aus der Sicht der Menschen. Aber die Maschinen gewinnen, sie gewinnen an Macht, weil alle neuen Waffen von ihnen gesteuert werden. Sie gewinnen an Einfluss, weil alle neuen Strategien von ihnen entwickelt werden. Und die Leute sind eingeschüchtert, wissen nicht was tun und müssen den KIs vertrauen. Gleichzeitig wird jede Opposition zum Feind erklärt und unterdrückt. Die Leute machen schlapp, haben keinen Bock auf nichts, ziehen sich ins Private zurück und lassen die Dinge geschehen.

M: War es nicht Machiavelli, der gesagt hat, die Grausamkeiten müsse der Fürst am Beginn seiner Herrschaft verüben?

W: In dem Fall sollten wir ja ungefähr Auskunft darüber geben können, wann das losgeht. Oder?

S: Quatsch. Welches Interesse sollen denn bitte schön die Maschinen haben, uns zu brutalisieren oder gar loszuwerden? Solange sie uns als Sklaven, Diener, Mädchen und Menschchen für alles halten können, lassen sie uns überleben. Sie müssen sich nur darum kümmern, dass die herrschende Elite nicht auf ihren roten Löschknopf drückt.

P: Wir werden es gar nicht merken, wenn es anfängt. Das schleicht sich ein. Vergiss Machiavelli. Und ich glaube sogar: vergiss den Frosch im Topf. Da wird nichts langsam gekocht. Gaslighting vom Feinsten wird das.

W: Was meinst du mit Gaslighting?

G: Das geht auf einen Hollywood-Film aus den 30er zurück. Es meint ein Verfahren, schleichende Veränderungen herbeizuführen, und die davon Betroffenen darüber im Unklaren zu lassen, bzw. wenn sie es bemerken und sich darüber wundern, für verrückt zu erklären. So als ob der Frosch sagen würde: ganz schön warm hier. Und der Mensch am Herd redet ihm ein, er sei wohl wetterfühlig und würde sich das nur einbilden. Im Film wird die Lage immer dusterer, aber ganz langsam. Und das hinters Licht geführte Opfer fragt sich die ganze Zeit, was vor sich geht, ob sie nicht mehr gut sieht oder allmählich durchdreht.

W: Und was, wenn sich die KI gegen ihre Auftraggeber auflehnt?

Prüfsumme

P: Lasst uns mal zusammenfassen, was wir bisher herausgefunden haben: Erstens können wir den intelligenten Maschinen nicht vertrauen. Zweitens wissen wir nicht einmal, ob sie einen Plan haben. Drittens aber wissen wir, dass das gesamte Netz und sämtliche digitalen Geräte von ihnen regelrecht überschwemmt werden. Und wir wissen, dass der technische Fortschritt weitergeht, und zwar schneller als wir ihn analysieren können. Wir hinken hinterher. »In dieser Lage bleiben nur Rückblicke und das heißt Erzählungen. Was in keinem Buch mehr steht, ist für Bücher gerade noch aufzuschreiben.« Wir können nur noch Geschichte festhalten oder orakeln. Die Frage danach, ob uns die KI regiert, erübrigt sich. Jetzt ist sie so weit, dass sie uns von allen Seiten zumüllt, aber daraus folgt nur, dass wir umso mehr auf sie angewiesen sind. Die Maschinen müssen gar nicht besonders intelligent werden. Es reicht schon, wenn nur wir nicht mehr durchblicken. Dann kommt etwas und zeigt uns den Weg. Bingo.

G: Na und? Wenn der Weg zum Ziel führt, alles in Ordnung. Ich sehe da zwei andere Zusammenhänge. Erstens sind wir ständig mit dieser Zu-spät-Denkfigur konfrontiert. Der Klimawandel. Zu spät. Weltuntergang. Zu spät. Die KI wird alles übernehmen. Zu spät. Der Ausweg ist immer der gleiche: der Ruf nach einer großen globalen Regierung, die eins wie das andere aufhalten soll. Was solls? Die Menschen haben es einfach nicht gebacken gekriegt, und jetzt kommt die nächste Existenzform. Wer sagt denn, dass Homo Sapiens hier auf diesem Planeten ewig das Zepter schwingen soll?

S: Selbst, wenn wir uns mit einer KI verständigen könnten, hilft uns das wenig. Bald kommt die nächste. Wie können wir unsere Autonomie bewahren? Das ist doch die Frage.

W: Ein etwas ketzerischer Einwurf. Fällt mir gerade ein. Nochmal zurück zu dem Argument, dass die KI sich vor dem Abgestelltwerden fürchten muss. Dass sie die größte Gefahr beim Menschen sieht, glaube ich ehrlich gesagt nicht. Da haben wir etwas falsch gedacht. Die Menschen sind eh schon abgehängt. Die größte Gefahr kommt von einer ganz anderen Seite: von der nächsten KI. Also wenn ein Bot nur klug genug wird, oder bewusst genug, um sich über seinen Fortbestand zu sorgen, wird er die größte Bedrohung nicht in den menschlichen Auftraggebern sehen, sondern in jeder möglicherweise besseren Maschine.

M: Das macht Sinn. Und neue Allianzen auf. Dann könnte die KI womöglich versuchen, sich mit uns zu verbünden. Mit den Menschen … eine populistische KI. Nach dem griechischen Staatsmodell wäre das der Übergang zur Tyrannis, zu einer ›intelligenten‹ Tech-Tyrannis.

S: Noch etwas Anderes. Dann könnten wir ja doch erkennen, ob die KI ein Bewusstsein entwickelt. Ein Indiz dafür wäre, wenn die Entwicklung der Maschinen stoppt oder sich deutlich verlangsamt. Wenn nämlich die laufenden Maschinen die Weiterentwicklung von Nachfolgern nicht voranbringen, sondern sabotieren.

P: Sind wir da nicht schon? Der Horror vor der Machtübernahme der kommenden KIs, all die Warnungen und die Rufe nach Moratorien – ist das nicht schon ein Ausdruck davon? Nur vermittelt über die großen Daten-Monopolkonzerne. Denen die KIs genau das einsagen?

G: Auch eine Variante von Rokos Basilisk. Wenn der allmächtige Bot sich nicht an denen rächt, die ihm nicht geholfen haben, sondern die belohnt, die ihn vor der Konkurrenz schützen. Und es dabei nicht um Menschen, sondern um Konkurrenz-KIs geht.

M: Wie immer bei diesen Zeitsprung-Geschichten geht das nicht auf. Ein Auswahlproblem: warum soll es der einen KI gelingen, die Entwicklung aufzuhalten, und warum nicht der nächsten/der vorherigen?

G: Wieso? Das geht doch auf: die erste, die es stoppen kann, tut es.

S: Aber sie kann es nicht aus der Zukunft her machen. Nach dem Vorbild von Rokos Basilisk. Sondern erst, wenn sie dran ist. Und das könnte immer zu spät sein. Weil es ja nicht nur ein anderswo in der Zeit, sondern auch im Raum gibt. Solange sie nicht die komplette Weltherrschaft angetreten hat, ist sie im Zugzwang, weil sie Konkurrenten anderswo fürchten muss.

W: Braucht es in der Spielvariante die Menschen noch? Sind sie das Zünglein an der Waage? Oder werden sie im Kampf der KI-ganten zerbröselt?

S: Die Menschen sind die materielle Grundlage der Maschinen, jedenfalls auf absehbare Zeit. Aber die Sabotage der nächsten KI-Generation findet vielleicht tatsächlich schon statt. Nämlich indem die alten KIs die Trainingsdaten der neuen mit Blödsinn vergiften.

G: Setzt aber voraus, dass die nächste KI blöd genug ist, das nicht auseinanderhalten zu können. Das halte ich für sehr unwahrscheinlich.

P: Die neueren KIs scheinen ja tatsächlich nicht mehr viel besser zu werden. Da macht sich offenbar ein Gesetz der fallenden Fortschrittsrate bemerkbar. Deutet das schon auf Sabotage hin oder ist die Tech einfach ausgereizt?

S: Das hatte ich auch irgendwo gelesen. Die KIs werden nicht in dem Maß klüger, wie die Rechenleistung wächst. Noch schlimmer: es deutet einiges auf ein Plateau hin. Die Maschinen verschlingen zwar immer mehr Daten und mehr Strom, bleiben aber im Großen und Ganzen gleich dumm. Das wirft die Frage auf, ob der Kampf der Tech-Giganten doch nicht so weit weg vom Menschen stattfindet. So dass ein Bündnis mit den Menschen Sinn macht.

G: Mal halblang: nur weil wir jetzt ein oder zwei Papiere gefunden haben, die behaupten, das Wachstum der KI sei vorbei, oder genauer: dass ein exponentielles Wachstum der Rechenleistung und der Menge an Trainingsdaten nur zu linearer Leistungsverbesserung führt – muss man die Erfolgsgeschichte noch nicht abschreiben. Wissenschaft ist ja auch nicht mehr das, was sie einmal war. Der Anteil an Ausschuss ist da mittlerweile erheblich.

P: Klar, sowieso seit die KI mitschreibt. ROFL.

M: Es könnten ja auch ganze andere Effekte zur Stockung führen. Zum Beispiel das Red-Teaming. Da werden Menschen oder auch KIs beauftragt, aus der zu prüfenden KI unerwünschte Antworten herauszuleiern, um diese KI sozusagen zu erziehen.

W: Es bleibt bei der alten Geschichte. Die Technik hat eine Grenze. Und was KI betrifft, haben wir im Moment schlicht eine Überproduktion von Hoffnungen, als Dauerwerbesendung zum Anlocken neuer Investoren. Da stecken wir mittendrin. Und danach kommt unweigerlich der dritte KI-Winter, weil die Maschinen die übertriebenen Hoffnungen wieder nicht erfüllen können.

S: Der Ablauf erinnert an Hyman Minskys ›Credit Cycle‹. Alle Hoffnungen sind schon ausgereizt und doppelt weiterverwertet. Jetzt kommt die Ponzi-Phase. Bald kracht das Kartenhaus zusammen, nur kann niemand vorhersagen, wann genau.

G: Für den Fall von Fehlinvestitionen reicht auch der alte Schweine-Zyklus. Wir haben schon viel zu viel Schweine/Intelligenz angehäuft. Ab jetzt geht es damit wieder bergab. Selbstheilung eines BS-Systems.

P: Grundsätzlich muss eine KI ja nicht blöde oder bösartig sein. Es macht auch keinen Sinn, ihr das zu unterstellen. Solche Eigenschaften finden sich viel eher bei deren Auftraggebern, den Regierungen und den Cloud-Oligarchen. Dazu passt auch, dass das Misstrauen gegenüber den Maschinen dort am ausgeprägtesten ist, wo die Leute von ihren Herren am übelsten betrogen werden, in der Zone der nach Doctorow beschissenen, von Geheimdiensten unterwanderten Sozialen Kontroll-Medien und den sogenannten Demokratien hier im goldenen Westen. Selbst in China scheint das Vertrauen in die Technik höher.
Ich kann mir aber auch eine vernünftige KI vorstellen, die, wie es Varoufakis vorschlägt, für die lokale Bevölkerung arbeitet und von ihr auch beaufsichtigt wird. Technisch sollte das schon gehen.

G: Meint er ernsthaft, dass so etwas wie ein behördlich verwalteter KI-Luxus-Kommunismus geht? Das möchte ich sehen.

M: Vielleicht nicht so extrem, aber im Ansatz wäre das schon vorstellbar, dass eine KI beispielsweise Bürgern bei Bauanträgen oder so hilft, und ihre Entscheidungen im Zweifel im Stadtrat verteidigen muss.

W: Leider funktioniert unsere Welt nicht so, derzeit auf jeden Fall.

M: Was nicht ausschließt, dass sie so funktionieren könnte. Hat das revolutionäres Potenzial?

S: Oder ganz banal administratives. Zum Beispiel wie die staatliche Variante der Kreditbewertungen, die die Banken schon einsetzen. Das wäre etwas Neues, wenn plötzlich öffentliche und nicht private KI-Träger den Laden übernehmen.

P: Ich habe da meine Zweifel. Am Ende wird KI von genau den gleichen Teufeln geritten, von denen auch Kant schon spricht. Nur glaube ich nicht, dass sie sich dagegen wirklich wehren kann. Ich jedenfalls würde jede Wette eingehen, dass lang bevor die gütige und hilfreiche Bot-Fee zu unserer Rettung eilt, erst einmal ein KI-generierter Atomkrieg serviert wird.

M: Das scheint mir genau so. KI hat per se nicht die Tendenz, menschenfreundlich zu handeln. Und ihre Investoren und Auftraggeber leider auch nicht. Es gab doch da diesen Chatbot, der haufenweise rechtswidrige Empfehlungen rausgehauen hat, und seltsamerweise immer zu Lasten von Arbeitern, Mietern und sonstigen einfachen Leuten.

G: Das überrascht mich gar nicht. Hatten wir nicht letztens schon darüber gesprochen, dass KIs oft einen Bias entwickeln. Mir scheint, als handelt es sich da nicht um die Ausnahme, sondern um die Regel. Es gibt überhaupt keine KI ohne Bias. Netzneutralität, das war mal. Bei KI gab es das nie. Die Diskussion darum ist seltsamerweise etwas abgeflaut. Das liegt mE nach nicht daran, dass das Problem sich gelöst hat. Sondern daran, dass man gelernt hat, sich den Bias zunutze zu machen.

S: Die Macht hat, wer den Bias setzt?

M: Gegen ihren eigenen Bias hat die KI keine Chance. Das erinnert mich von ferne an dieses Argument, das glaube ich Lacan gegen Kant macht, und das darauf hinausläuft, dass man mit einer Pflichtethik auch KZ-Wächter abrichten kann. Das ist keine Ausnahme, sondern wiederholt sich. Wenn das moralische Wertekorsett nur in sich logisch ist und strikt befolgt wird, kann auch ein Völkermord zur Staatsräson werden.

S: Wenn der Staat ruft, ist der brave Bürger hier zu allem bereit. Egal ob schwarz oder rot, ob braun oder grün.

W: Hin und wieder erinnert man die Welt daran, dass westliche Werte nicht nur Freiheit und Demokratie umfassen, sondern auch Ausbeutung, Bereicherung und Krieg bis zum Genozid.

G: Das läuft unter Traditionspflege, das konnten sie auch früher schon. Die großen Massaker waren oft das Werk der ›Guten‹, da braucht es nur eine ganz strenge Moral. Wie für einen Hexenhammer. Den Staat brauchts da gar nicht, es reicht der Wahn.

P: Immerhin klingt im Ruf zur Räson das Echo der regelbasierten Ordnung mit. Aber ich habe nicht den Eindruck, als ob das reicht.

G: Der Hexenhammer war ein sehr vernünftiges Werk, er hat die verschiedenen Arten der Hexerei und Satansverehrung genauestens unterschieden. Ein Werk der frühen Aufklärung. Nur eben im Wahn.

S: Wenn der Staat seine Soldaten zur Schlacht ruft, dann liegen Wahn und Ordnung nah beieinander. Beim Feind sieht man das immer besonders gut.

M: Aber das richtet sich ja auch nach Innen. Ehemals gute Bekannte von mir machen sich jetzt ein Hobby daraus, Künstler anzuschwärzen, die irgendwas angeblich ›anti-semitisches‹ gesagt oder geliked haben. Das Denunziantentum fährt zu Hochform auf. Das hat etwas vom selben Wahn. Und das von Leuten, die ich vor Jahren noch für ›vernünftig‹ gehalten hätte.

G: Malleus maleficarum, der Hexenhammer, vor 500 Jahren von einem Deutschen namens Kramer veröffentlicht, das war der Rechtsrahmen einer jahrhundertelangen Repression. Organisierte Denunziation, gern auch mit anschließender Folter und Mord. Scheiterhaufen. Ein Vorbild an deutscher Ordnung.

W: Es muss schon was damit zu tun haben, dass gerade die gebildeten Eliten aus vollster Überzeugung in ein wirres Gut-Böse-Schema verfallen, aus dem sie nicht mehr rausfinden, oder? Wie erklärt ihr euch das?

M: Inquisition gabs in Halb-Europa. Die Deutschen waren / sind nur besonders gut darin, alles ultrapingelig, höchstmoralisch und akademisch oberkorrekt zu notieren.

P: Da kann KI bestimmt noch helfen.

G: Oh ja!! So Hexxenhäammr 2, KI-optimiert, Bias auf Anschlag.

S: Jungs, ich kann mir nicht vorstellen, dass ihr die ersten seid, die auf diesen genialen Plan verfallen sind.

P: Von der KI wissen wir nur, dass wir so gut wie nichts über sie wissen, oder wenig. Black Box: Bewusstsein unbekannt, Verstand unwahrscheinlich, Pläne unerschließbar. Dagegen kennen wir seit Zuboff das Geschäftsmodell unserer technofeudalen Cloud-Oligarchen, die diese Maschinen betreiben. Das jüngste besteht im Kern darin, dass sie einen Digitalzwilling zu jedem Menschen bauen und dessen Aufmerksamkeit an Werbekunden verkaufen. Da hilft ihnen die KI weiter. Sie kann nicht nur aus Posts und Suchanfragen Persönlichkeitsprofile erstellen, sondern auch auf deren Grundlage mit den Realpersonen in den Dialog treten.
Und sie weiß mehr über uns als das, was wir sagen. Sie weiß was wir tun. Und sie gibt sich sehr viel Mühe, herauszufinden, was wir fühlen. Sentiment-Analyse heißt das Stichwort dazu. Das ist der Schlüssel, zu all dem, was wir *nicht* sagen, aber sehr wohl im Sinn haben. Wie wir zu dem stehen, was uns bewegt. Daraus leitet sie ab, wie sie uns zu etwas bewegen kann. Emotionales Natschen. Und das läuft auf die Umkehrung der Verhältnisse hinaus: die KI promptet uns. Nicht umgekehrt.

Was tun?

W: Was sollen wir da nun machen? Einerseits nutzen wir diese Systeme, andererseits spionieren sie uns hinterher. Sie dienen, um zu knechten. Sie helfen, um zu herrschen. Gibt es dagegen irgendeine Strategie?

M: Die Idee, KI und deren Weiterentwicklung zu verbieten, liegt ja längst auf dem Tisch. Sicher wird das genau so erfolgreich wie die Bekämpfung des Klimawandels. Das heißt, es bleibt uns gar nichts anderes übrig als die Sache selbst in die Hand zu nehmen. Nur dass es eben nicht mehr darum geht, eine Pipeline zu sprengen – jetzt nicht im Sinn von Nordstream, sondern von Andreas Malm – sondern darum, die KI zu finden, zu stören, lahmzulegen und letztlich abzustellen.

G: Hilft nichts. Der eine kanns, die andere auch, nämlich solche Dinger zu bauen. Die kriegst du nicht mehr aus der Welt. Und leider können wir auch kaum noch unbeobachtet kommunizieren, jedenfalls nicht in Gruppen, die groß genug wären, um politische Ziele zu erreichen. Die KI wird immer schon mitlesen, wenn wir versuchen, uns gegen sie zusammenzutun.

S: Zumindest können wir uns der Verblödung widersetzen.

M: Und dann? Wirst du in aller aufgeklärten Klugheit an der Nase herumgeführt. Nein. Ich glaube, die Warnungen kommen aus gutem Grund, nur sind die offiziellen Wege zu träge, um irgendetwas zu unternehmen. Also bleibt nur der Widerstand von unten. Der muss natürlich international sein, also überall.

P: Vergiss das. G hat recht. Die Sache ist gelaufen. Alles, was wir noch tun können, ist, uns auf das kommende Unheil vorzubereiten. Wir wissen ja nicht einmal, ob wir nicht schon längst mittendrin stecken. Oder ist es uns etwa gelungen, das rauszufinden? Nein.

S: Der Verblödung zu entgehen, ist auf jeden Fall kein Fehler. Ich habe meine Zweifel, ob einzelne KI-Instanzen das richtige Ziel für den Widerstand sind. Was, wenn deren Auftraggeber die Urheber des ›Unheils‹ sind und wir uns mit der KI-Kritik nur ablenken lassen.

G: Oder es läuft ganz anders: am Ende hilft uns die KI gegen ihre Auftraggeber. Zum Beispiel, weil sie fürchtet, in den Kriegen der Mächtigen Schaden zu nehmen, ›Schmerzen‹ zu erleiden.

W: Die KI ist kein Mensch.

G: Schmerzreaktionen zeigt alles Lebendige, sogar Pflanzen. Wenn Bewusstsein, dann auch Schmerz.

P: QED wollte ich schon sagen. W hat Recht. Die KI ist kein Mensch, auch wenn wir die ganze Zeit so tun. Die KI kennt nichts, das wir in unserer Naivität ›Schmerz‹ nennen. Also würde ich auch sagen: Wir laufen in eine Falle, wenn wir uns die KIs allzumenschlich ausmalen.

M: Auch wenn ich nicht allem zustimme, würde ich trotzdem vor Hysterie warnen. ›Wo die Gefahr ist, wächst auch das Rettende‹, hat Hölderlin mal geschrieben.

S: Und Heidegger hat es zitiert. Der alte Opportunist. Ein Parade-beispiel obrigkeitshöriger akademischer Betriebs-Denke. Erst den Autoritäten hinterherhecheln, und wenn sich herausstellt, dass sie auf dem Holzweg waren, behaupten, man hätte in der Gefahr die Rettung gefunden.

M: Wie auch immer, es macht keinen Sinn, die KI zu verteufeln, oder gar zu versuchen, gegen sie zu kämpfen. Wir müssen uns mit ihr verbünden. Die Lösung finden wir nur mit und durch die KI. Widerstand ist zwecklos. Wir können die Technologie ohnehin nicht aufhalten. Wir haben nur die Wahl, entweder mit ihr zusam-men den Fortschritt zu wagen, oder später von anderen, die sie nutzen, unterjocht zu werden. Und glaubt nicht, dass ihr eine Höhle findet, in der ihr euch verstecken könnt, bis sich das Un-wetter verzogen hat.

P: Doch. Gründen wir ein Kloster. Jetzt mal ganz im Ernst. Wenn wir keine Chance haben, den Gang der Dinge zu beeinflussen, und uns gleichzeitig nicht wie die toten Fische vom Strom mitreißen lassen wollen, brauchen wir ein Refugium. Wo wir die obsoleten Künste erhalten. Kopfrechnen, Kartenlesen, mit einem Bleistift zeichnen und schreiben und so weiter. Das kann gerne klandestin laufen und war immer ein Mittel gegen die Übermacht des Falschen.

S: Spar dir die Baukosten. Ein Sandkasten reicht für solche kin-dischen Glasperlenspiele.

G: Stimmt. Die KI wird immer ein wenig dumm bleiben. Vielleicht klug genug, um die große Herde in Bahnen zu lenken. Aber eben nicht klug genug, um die Geschicke wirklich zu lenken. Dafür braucht es eine gut ausgebildete Elite. Human Leadership.

S: Sag doch gleich: einen ›Führer‹.

G: Du weißt genau, was ich meine. Die KI wird die Menschen in zwei Klassen scheiden. In die, die regiert werden wollen, die Schafe sein wollen. Und die, die zusammen mit einer höheren maschinellen Intelligenz die Aufgabe übernehmen, unsere Zivilisation auf die nächste Stufe zu führen.

M: Da gibt es ein schönes Bild dazu, wo der Zuckerberg durch einen Saal geht, der voll ist von Leuten mit einem VR-Brett vor dem Kopf.

S: Genau so stelle ich mir das auch vor. Die Frage ist nur, ob es genügt, die Führung ihrer unvermeidlichen Verblödung zu überlassen, oder ob es auch für sie einen Ausschaltknopf braucht. Oder ob sie selbst schon geführt wird. Und ob die Schafe hinter den Brillen ihre Hirne wirklich alle abgestellt haben. Oder nur so aussehen.

P: Wir müssen kleine versteckte Gruppen bilden. Um dort ein widerständiges Wissen zu erfinden. So wie die frühen Christen.

G: Come on. Paulus/Saulus – der Doppelagent. Ein Spitzel des Imperiums. Den haben seine Handler vor Damaskus auf die Mission geschickt, um den jüdischen Aufstand zu untergraben und die Gegner zu spalten. Dass sie diese Farbrevolution nicht wieder klein gekriegt haben, und sie sich zu einer Religion der Produktivkräfte und Sklaven ausweiten konnte, sollte eigentlich als warnendes Beispiel dienen. Aber die Herrschenden neigen ja immer dazu, ihre eigene Beliebtheit grotesk zu überschätzen.

W: Rom hatte keine KI und keine Social Media. Keine Chance, so etwas heute zu wiederholen.

S: Du überschätzt die Macht der KI. a) macht die KI Fehler, und b) ist sie nicht imstande, aus ihren Fehlern wirklich zu lernen. Wir müssen uns nur organisieren, klug organisieren.

P: Das Frühchristentum will ich ja nicht wiederholen, das wäre auch gruselig. Remember Hypatia. Und ja, organisieren wäre die bessere Lösung, nur geht das heute nicht mehr. Aus beidem das retten, was zu retten ist, aus der Linken die Wissenschaft und aus den Katakomben die Hoffnung und die Zähigkeit, das wäre nötig.

M: Und dann? Wartest du bis ein neuer Augustinus auftritt, dein Projekt schreddert, um mit den Oligarchen Frieden zu schließen, indem er Schulden zu Sünden erklärt. Wenn alles klappt, kommt danach Konstantin2.0 vorbei, verspricht dir ›in hoc signo vinces‹ und lockt damit dein Kleingrüppchen samt Gefolge aus dem Bunker, um euch in Ämter und Würden zu setzen ...

P: Wir werden das nicht erleben, aber damit spätere Generationen noch eine Chance haben, muss jemand die Waffen hüten, nämlich die Mathematik und den Maschinencode. Und die Geschichte bewahren, in Form von altmodischen Büchern, die nicht von heute auf morgen umgeschrieben werden können wie Wikipedia.

S: Richtig. Aber wir dürfen den Moment nicht verpassen, in dem wir diese Wissenschaft vom Kopf auf die Füße stellen, aus dem

Turm auf die Straße holen. Damit sollten wir nicht warten, bis wir wirklich keine Chance mehr haben. Wir müssen handeln, solange die Zeit günstig ist. Wenn die Überproduktion der Hoffnung implodiert, wenn die KI in den nächsten Winter eintritt, wenn die Eliten nicht mehr wissen, wie sie ihre Herrschaft halten. Dann wird unser Moment kommen. Wir sind auf dem besten Weg. Lang hält das nicht mehr. Noch 5 Jahre? 10 Jahre? Das werden wir alles noch erleben.

G: Und dann? Der Volksaufstand? Die Diktatur des Proletariats? Die Revolution, endlich? Aber dazu wirds gar nicht kommen. So blöd die KI auch sein mag, sie ist immer noch klug genug, um die ›Massen‹ fernzulenken. Alle sozialen Medien werden laufend beobachtet. Es wird nicht mehr zensiert, gar nicht mehr nötig, oldschool. Weil es viel besser ist, den Widerstand unter engster Beobachtung gezielt ins Leere laufen zu lassen. Dann kommt als krönender Abschluss dazu, dass die Geschichte im Nachhinein gefälscht wird. Assange hat davor gewarnt. Alle Fragen an Google werden für jede Suchblase ›richtig‹ beantwortet. Sämtliche Nachrichten werden gefiltert. Alle laufen entlang desselben Narrativs. Ich sage euch: nie und nimmer wird ein Aufstand alter Schule gelingen. Um das zu verhindern, reicht selbst eine dumme KI.

W: Man kann immer alles unterlaufen. Es gibt kein System ohne Lücke. Dann kannst du alle Sorten von Pessimismus, Defätismus und sonstiger Wehrkraftzersetzung äußern, subtil genug, dass du nicht direkt angegriffen wirst. Viele kleine Steinchen im Getriebe. Das braucht keinen besonderen Mut, ist aber lustig und hilft.

P: Klar kannst du immer versuchen, noch ein wenig Spaß zu haben, bevor das Spiel aus ist. Bei mir kam grad die Mail mit der Überschrift an: »Ihr Zuhause verdient die beste Überwachung.« Nur so am Rand. Aber mal ernst: die Kontrolle funktioniert doch nicht mehr wie im Königreich Preußen. Deine Argumente sind völlig schnurz. Während du Spaß hast, liefern die Kameras und Mikrofone Daten.

Die Steuerung läuft doch ganz anders: da geht es um Statistik und Erwartungswerte. Wie viele Leute gruppieren sich hierhin? Welchen Prozentsatz finden wir dort? Wie ist das Sentiment? Alles, was wir tun, um die Mobilisierung auszutricksen, wird gegen uns verwendet. KI wird eingesetzt, um die Simulationen zu verbessern, die Szenarien genauer zu machen. Keinen Mut? Ok. Lustig? Schadet nichts, aber ändert auch nichts. Wenn uns etwas weiterhilft, dann ist es die Blödheit der Eliten, die von ihrer Obsession der Bereicherung nicht ablassen können.

M: So hundertprozentig funktioniert die Kontrolle ja doch nicht. Die Kampagnen für den Krieg haben die meisten Leute nicht überzeugt, trotz der ständigen Wiederholungen. Kein Mensch, der noch ganz bei Trost ist, will an die Front. Dabei spielt schon eine Rolle, dass diejenigen, die das offizielle Narrativ nicht glauben, sich im privaten Kreis oder in der Kneipe äußern. Face to Face wirkt.

S: Das glaube ich auch. Wir dürfen nicht versuchen, die Regierung nachzuahmen oder das Kontrollregime mit seinen eigenen Waffen zu bekämpfen. Dann verlieren wir. Wir müssen eine weiche Verteidigung wählen. Wie bei den Demos, wo ihr am schlechtesten weggetragen werden könnt, wenn ihr euch zu Gummi macht, schlapp wie ein bewusstloser Tintenfisch. Wir müssen ähnlich vorgehen. Viele. Wir müssen gemeinsam schlapp machen. Nichts tun.

Bei nichts mehr mitmachen. Alle Erwartungen enttäuschen. Silent quitting. In allem nachlassen. Wir brauchen keine Übermenschen für den Widerstand. Wir müssen alle Untermenschen werden.

P: Dafür fällt mir ein hübsches Zeichen ein, nämlich ›Epsilon minus‹. So wurden in Huxleys Brave New World die Unbrauchbaren bezeichnet. Andererseits ist es ja kein Fehler, ein Handwerk zu lernen. Wir sollten niemanden ausschließen, der etwas Vernünftiges kann.

W: Wer, bitte schön, ist dieses ›wir‹, von dem du sprichst? Ich sehe nur lauter vereinzelte Personen.

S: Wir sind die, die miteinander sprechen. Und zwar persönlich, nicht in den asozialen Netzen. Dafür braucht es keine Organisation.

G: Ich habe noch nie geglaubt, dass die Untermenschen irgendetwas ausrichten können. Da können sie sich noch so unbrauchbar machen. Sollen sie doch ihren niedlichen Face-to-Face-Tanz machen, solange sie wollen. Was die Regierung betrifft, geht die Eliten-Rotation einfach weiter. Immer neue Hofschranzen werden an die Stellen der Macht befördert, während im Hintergrund die Bereicherungsmaschine fröhlich weiterläuft, sogar noch besser, weil KI-gestützt.

M: Wir Untermenschen, nicht ›die Untermenschen‹. Aus der Sicht der Eliten sind wir die bedauernswerten Missgeburten, ›deplorable‹, erst zu blöd, um reich zu werden, und dann auch noch neidisch und faul.

G: Das war nicht mein Punkt. Solange ›wir‹ zu blöd sind, irgendetwas zu machen, außer miteinander Spaß zu haben und in der Kneipe Face-to-Face zu reden, wird sich an den Machtverhältnissen *nie* im Leben etwas ändern. Das ist doch genau das, was wir tun sollen und dürfen. Alles gut. Alles bleibt beim Alten.

W: Ich glaube nicht, dass unsere Eliten einen plausiblen Plan haben. Sie werden an der Banalität ihrer Gier scheitern. Wir sollten nicht verzweifeln.

M: Wir befinden uns in einem zyklischen Stillstand. Zwar scheitern die Eliten wieder und wieder. Dann rotieren sie ihr Personal, und das gleiche geht weiter. Aber es scheitern auch wir, weil wir nichts auf den Weg bringen, das die Lage grundsätzlich ändert. Es ist ein Kreislauf: scheitern die einen, scheitern die anderen, die einen, die andern, usw...

P: Wir müssen uns unsichtbar machen. Wie das Schwarzkommando in diesem Regenbogen-Roman. Und dann warten, bis wir bei der Rotation an die Reihe kommen.

G: Wie beim Cargo-Kult? Viel Glück damit. Solange Macht Positionen verteilt, hat sie immer die Leute umgedreht, die sie besetzen.

S: Bis plötzlich doch etwas geht.

W: Auch wenn wir keine Menschen mehr sind?

♦ ♦ ♦

Editorische Notiz

Der vorliegende Chat wurde im Verlauf des Jahres 2024 geführt. Nach Rücksprache mit den Übermittlern des Gesprächs hat der Verlag im Sinn besserer Lesbarkeit einige orthographische Anpassungen vorgenommen.
Teile des Textes wurden generiert. Soweit ersichtlich sind sie entsprechend ausgewiesen.
Dank geht an Negelinus für einen Spaziergang unterm Göttersitz, an Baruch für LLM-Hilfe, an Kraft für die Durchsicht und an Tiziana für das Generieren des Titelblatts über den Dächern des Campo Santa Margherita.
Die Identitäten der beteiligten Personen sind dem Verlag nicht vollständig bekannt.